T0207748

essentials

essentials liefern aktuelles Wissen in konzentrierter Form. Die Essenz dessen, worauf es als „State-of-the-Art" in der gegenwärtigen Fachdiskussion oder in der Praxis ankommt. *essentials* informieren schnell, unkompliziert und verständlich

- als Einführung in ein aktuelles Thema aus Ihrem Fachgebiet
- als Einstieg in ein für Sie noch unbekanntes Themenfeld
- als Einblick, um zum Thema mitreden zu können

Die Bücher in elektronischer und gedruckter Form bringen das Fachwissen von Springerautorinnen kompakt zur Darstellung. Sie sind besonders für die Nutzung als eBook auf Tablet-PCs, eBook-Readern und Smartphones geeignet. *essentials* sind Wissensbausteine aus den Wirtschafts-, Sozial- und Geisteswissenschaften, aus Technik und Naturwissenschaften sowie aus Medizin, Psychologie und Gesundheitsberufen. Von renommierten Autorinnen aller Springer-Verlagsmarken.

Arne Heise

Heterodoxe Ökonomik

Alternativen zum ökonomischen
Mainstream

Arne Heise
Fakultät für Wirtschafts &
Sozialwissenschaften
Universität Hamburg
Hamburg, Deutschland

ISSN 2197-6708   ISSN 2197-6716 (electronic)
essentials
ISBN 978-3-658-41258-6   ISBN 978-3-658-41259-3 (eBook)
https://doi.org/10.1007/978-3-658-41259-3

Die Deutsche Nationalbibliothek verzeichnet diese Publikation in der Deutschen Nationalbiblio-
grafie; detaillierte bibliografische Daten sind im Internet über http://dnb.d-nb.de abrufbar.

© Der/die Herausgeber bzw. der/die Autor(en), exklusiv lizenziert an Springer Fachmedien
Wiesbaden GmbH, ein Teil von Springer Nature 2023
Das Werk einschließlich aller seiner Teile ist urheberrechtlich geschützt. Jede Verwertung,
die nicht ausdrücklich vom Urheberrechtsgesetz zugelassen ist, bedarf der vorherigen Zustim-
mung des Verlags. Das gilt insbesondere für Vervielfältigungen, Bearbeitungen, Übersetzungen,
Mikroverfilmungen und die Einspeicherung und Verarbeitung in elektronischen Systemen.
Die Wiedergabe von allgemein beschreibenden Bezeichnungen, Marken, Unternehmensnamen
etc. in diesem Werk bedeutet nicht, dass diese frei durch jedermann benutzt werden dürfen. Die
Berechtigung zur Benutzung unterliegt, auch ohne gesonderten Hinweis hierzu, den Regeln des
Markenrechts. Die Rechte des jeweiligen Zeicheninhabers sind zu beachten.
Der Verlag, die Autoren und die Herausgeber gehen davon aus, dass die Angaben und Informationen
in diesem Werk zum Zeitpunkt der Veröffentlichung vollständig und korrekt sind. Weder der Verlag,
noch die Autoren oder die Herausgeber übernehmen, ausdrücklich oder implizit, Gewähr für den
Inhalt des Werkes, etwaige Fehler oder Äußerungen. Der Verlag bleibt im Hinblick auf geografi-
sche Zuordnungen und Gebietsbezeichnungen in veröffentlichten Karten und Institutionsadressen
neutral.

Planung/Lektorat: Claudia Rosenbaum
Springer Gabler ist ein Imprint der eingetragenen Gesellschaft Springer Fachmedien Wiesbaden
GmbH und ist ein Teil von Springer Nature.
Die Anschrift der Gesellschaft ist: Abraham-Lincoln-Str. 46, 65189 Wiesbaden, Germany

Was Sie in diesem *essential* finden können

- Eine Beschreibung des kritischen Zustands der Mainstream-Ökonomik
- Eine Konzeptionalisierung des Begriffs ‚Heterodoxe Ökonomik'
- Die geschichtliche Darstellung der monistischen Entwicklung der Wirtschaftswissenschaft in Deutschland
- Die Diskussion der Pluralisierungsforderung in der ökonomischen Disziplin
- Die Vorstellung der wichtigsten heterodoxen Paradigmen wie der Postkeynesianismus, die Komplexitätsökonomik, die Regulationsschule, die Evolutionsökonomik, die Feministische Ökonomik und die Ökologische Ökonomik
- Einen Ausblick auf die Zukunft der heterodoxen Ökonomik

Inhaltsverzeichnis

Krise der Wirtschaftswissenschaft – eine Einleitung

Mit der Insolvenz der Investmentbank ‚Lehman Brothers' brach 2008 die größte Finanzkrise seit Ende der 1920er Jahre über die Welt herein. Sie traf die ökonomischen und politischen Akteure ebenso unvorbereitet wie die Wirtschaftswissenschaft. Zumindest die Vertreter der Standard- oder Lehrbuchökonomik hatten nichts Derartiges vorhergesehen, hatten keine Patentlösungen parat und wurden sogar für die folgende Weltfinanzkrise mit verantwortlich gemacht: Hatten Sie nicht in ihrem Festhalten an die Selbstregulierungsfähigkeit der Märkte die weitgehende Deregulierung der internationalen Finanzmärkte legitimiert und mit ihren Forschungen zur Preisbildung von risikobehafteten Finanzmarktprodukten deren Marktfähigkeit entscheidend gefördert? Und wurden nicht jene wenigen abweichenden Stimmen, die – wie Hyman P. Minsky (1982) in seinem Buch ‚Can it happen again' – bereits seit geraumer Zeit vor den Gefahren zunehmend volatiler und instabiler Finanzmärkte und den Rückwirkungen auf die Realwirtschaft gewarnt hatten, schlicht ignoriert? Hätte nicht viel ökonomischer Schaden und menschliches Leid vermieden werden können, wenn die abweichenden – heterodoxen – Lehrmeinungen mehr Gehör gefunden hätten und in einer Art Risikofolgenabschätzung in die Gestaltung der Finanzmärkte eingeflossen wären?

Im vorliegenden Buch soll es um die heterodoxe Ökonomik gehen. Dies impliziert das Vorhandensein einer orthodoxen Ökonomik – häufig auch als Mainstream bezeichnet – und deren Ablehnung. Im wissenschaftlichen Sprachgebrauch wird Heterodoxie gemeinhin verstanden als vom herrschenden, etablierten ‚orthodoxen' abweichendes Wissen. Wenn Wissenschaft die Suche nach objektiver Erkenntnis, nach ‚Wahrheit' ist und entsprechend die Differenzierung zwischen ‚wahr' und ‚unwahr', ‚richtig' und ‚falsch' zu ermöglichen verspricht, dann kann die Orthodoxie zwar nicht die Wahrheit für sich reklamieren und der Heterodoxie die Unwahrheit bzw. den Irrtum zuschieben, wohl aber die Geltungshoheit darüber beanspruchen, was ‚wahr' und was ‚unwahr' ist (Schetsche/Schmied-Knittel

© Der/die Autor(en), exklusiv lizenziert an Springer Fachmedien Wiesbaden GmbH, ein Teil von Springer Nature 2023

A. Heise, *Heterodoxe Ökonomik*, essentials, https://doi.org/10.1007/978-3-658-41259-3_1

2018: 11). Heterodoxie scheint also im Allgemeinen eine negative, abwertende Konnotation als ‚Irrlehre‘ oder ‚Pseudowissenschaft‘ zu haben (Fischer 2018: 85). So wird beispielsweise die Homöopathie als ‚heterodoxe Medizin‘ von der Standard- oder Schulmedizin als unwissenschaftlich zurückgewiesen und die Zuschreibung ‚heterodox‘ als entsprechendes Diskriminierungsmal verwendet.

Der Begriff ‚heterodoxe Ökonomik‘ hingegen wird von solchen Wirtschaftswissenschaftlern zur Selbstbeschreibung herangezogen, die ihren Ansatz in klarer Opposition und deshalb als Alternative zum ökonomischen Mainstream stellen wollen (vgl. Lee 2012). Heterodoxie in der Ökonomik wird also nicht als negative Stigmatisierung verwendet, sondern als Ausdruck eines Wunsches nach etablierter Theorien- bzw. Paradigmenkonkurrenz – Pluralität – und vielleicht sogar als Hoffnung auf eine wissenschaftliche Revolution, die durch einen Paradigmenwechsel im Sinne des berühmten Wissenschaftsphilosophen Thomas Samuel Kuhn ausgelöst wird (Kuhn 1976). Der hatte nämlich den wissenschaftlichen Fortschritt nicht als kontinuierlichen Prozess, sondern als eine Entwicklung beschrieben, die durch Brüche – dem Wandel der paradigmatischen Grundlagen – gekennzeichnet ist. Heterodoxien sind hierbei notwendige Treiber, die unter bestimmten Bedingungen – dem Vorhandensein empirischer Widersprüche gegenüber den theoretischen Erkenntnissen (Anomalien) oder deduktiver Mängel – zum Geltungswechsel in der Zuschreibung der Akzeptanz herrschenden Wissens führen können.

Kuhn entwickelte seine Wissenschaftstheorie vor dem Hintergrund naturwissenschaftlicher Erkenntnisbildung und war sich nicht sicher, ob sie auch auf die Sozialwissenschaften übertragbar wäre. Einerseits vermutete er die Sozialwissenschaften noch im vor-paradigmatischen, unreifen Entwicklungszustand, andererseits leiden die nicht-experimentellen Sozialwissenschaften darunter, dass eine objektive, experimentell nachvollziehbare Widerlegung (Falsifikation) theoretischer Vermutungen unmöglich ist. In ihrem Selbstverständnis als ‚Königin der Sozialwissenschaften‘ verfolgt die Ökonomik allerdings nach einer Phase methodologischer Auseinandersetzungen (‚Methodenstreite‘) ein Wissenschaftsprogramm, dass in seiner positivistischen Methodologie und formal-mathematischen Arbeits- und Ausdrucksweise an die Naturwissenschaften – insbesondere die Physik – angelehnt ist und nach allgemeinen, objektiven ‚Erklärungen‘ sucht (vgl. Mirowski 1989), nicht nur ein zeit- und ortsgebundenes, mithin immer spezifisches ‚Verstehen‘ bezweckt. Entstanden ist eine Wissenschaftsdisziplin, die nicht nur einen herrschenden Mainstream – die neoklassische Marktorthodoxie – ausgeprägt hat, sondern auch eine monistische Geltungskultur, die Paradigmenpluralität als Relativismus ablehnt (vgl. Heise 2016). In diesem Umfeld muss die durchaus kritische, weil eben häufig negativ konnotierte Selbstbeschreibung als ‚heterodox‘

(vgl. Colander et al. 2004: 491) gesehen und als notwendiger Versuch begriffen werden, einen Paradigmenpluralismus zu verteidigen, den die orthodoxen Vertreter der Disziplin nicht zugestehen wollen (vgl. Heise et al. 2017).

Obwohl der Begriff ‚heterodoxe Ökonomik' seit den 1990er Jahren zunehmend als übergreifendes Signum für jene theoretischen Ansätze verwendet wird, die sich spätestens seit den 1960er Jahren der fortschreitenden paradigmatischen Verengung der Volkswirtschaftslehre auf die neoklassische Marktorthodoxie entgegenstellen, bedurfte es doch der gesellschaftlichen Impulse, um der heterodoxen Ökonomik seit Mitte der 2000er Jahre unerwartete Popularität zu verschaffen: Die Weltfinanzkrise nach 2008 kam nicht nur völlig unerwartet für die herrschende Wirtschaftswissenschaft, sie passte auch nicht zum Selbstregulierungsoptimismus der Marktorthodoxie. Aber auch für die ökologischen Herausforderungen unserer Zeit und die soziale Spaltung unserer Gesellschaften angesichts zunehmender Einkommens- und Vermögensungleichheit scheint der Mainstream keine überzeugenden Erklärungen und Antworten anbieten zu können, weshalb der Ruf nach einer neuen – heterodoxen – Ökonomik seitens der Politik, aber auch gesellschaftlicher Gruppierungen wie Studierenden und Aktivisten lauter wird.

Im Folgenden soll der Versuch unternommen werden, die Begriffe ‚Heterodoxie' und ‚Pluralismus' in Bezug auf die Entwicklung der Wirtschaftswissenschaften als wissenschaftliche Disziplin zu definieren und in der Auseinandersetzung mit dem ökonomischen Mainstream inhaltlich abzugrenzen. Danach werden die gegenwärtig wichtigsten heterodoxen Paradigmen vorgestellt und abschließend danach gefragt, ob es eines einheitlichen heterodoxen Paradigmas als Kontrapunkt zum ökonomischen Mainstream bedarf und ob ein solches Paradigma in Aussicht steht?

Eine kurze Geschichte paradigmatischer Entwicklungen in der Ökonomik

2

Bis in die frühe Nachkriegszeit hinein kann die Wirtschaftswissenschaft als ‚plural‘ oder im Kuhn'schen Sinne ‚vor-paradigmatisch‘ angesehen werden, in der sich noch kein klar dominanter Mainstream als ‚Normalwissenschaft‘ herauskristallisiert hat: Neben der Neoklassik, die sich zur allgemeinen Gleichgewichtslehre verdichtete, gab es besonders in Deutschland, aber auch in den USA mit dem ‚alten‘ Institutionalismus, der Ordnungsökonomik oder der historischen Schule und dem Marxismus noch weitere Ansätze, die recht selbstverständlich an den Universitäten gelehrt wurden und entsprechend mit Lehrstühlen vertreten waren. Erst die Vereinnahmung der neuen makroökonomischen Lehren John Maynard Keynes' durch die Neoklassik (‚Neoklassische Synthese‘) und die zunehmende Formalisierung in der nach dem 2. Weltkrieg dominant werdenden US-amerikanischen Wirtschaftswissenschaft (vgl. Hesse 2010: 320) führt zu einer paradigmatischen Verengung auf die neoklassische ‚Allgemeine Gleichgewichtstheorie‘. Innerhalb dieses paradigmatischen Rahmens gewinnt zunächst die herrschende, als sogenanntes ISLM-Modell formalisierte Keynes-Interpretation (‚Standardkeynesianismus‘) mit ihrer kurzfristigen Betrachtungsweise und dem Fokus auf zyklische Abweichungen vom Gleichgewicht die Oberhand, die anderen Ansätze oder Paradigmen werden entweder in andere sozialwissenschaftliche Disziplinen – insbesondere die Soziologie – abgedrängt oder innerhalb der Ökonomik marginalisiert und der revolutionäre, das neoklassische Paradigma überwindende Impetus der Keynes'schen ‚Neuen Ökonomik‘ negiert.

Mit der Verbreitung der Kuhn'schen Wissenschaftstheorie, der vom italienischen Ökonomen Piero Sraffa ausgelösten Diskussion um die theoretisch-deduktiven Inkonsistenzen der neoklassischen Gleichgewichtsmechanik (vgl. die sogenannte Cambridge-Capital-Controversy; vgl. Schefold 1976) und der

© Der/die Autor(en), exklusiv lizenziert an Springer Fachmedien Wiesbaden GmbH, ein Teil von Springer Nature 2023
A. Heise, *Heterodoxe Ökonomik*, essentials,
https://doi.org/10.1007/978-3-658-41259-3_2

Zurückweisung des Standardkeynesianismus als adäquate Interpretation der Keynes'schen ‚Neuen Ökonomik' kommt im Umfeld großer gesellschaftlicher Veränderungen ab Mitte der 1960er Jahre erstmals der Ruf nach einer grundlegenden Veränderung der Wirtschaftswissenschaften auf. Unter dem Slogan ‚Marx an die Uni' (vgl. Peter 2014) wird insbesondere von den Studenten eine Verbreiterung des sich gerade erst herausbildenden Kanons der wirtschaftswissenschaftlichen Lehre und Forschung gefordert, aber auch die Wissenschaft selbst sieht sich in einer Krise (so der Titel des Vortrags der engen Keynes-Vertrauten Joan Robinson auf der Jahrestagung der American Economic Association im Jahr 1971).

Gemäß der Kuhn'schen Wissenschaftstheorie ist ein Paradigmenwechsel in einer Disziplin zu erwarten, wenn sich das herrschende Paradigma – in unserem Falle der neoklassische Mainstream – in einer Krise befindet und wenn Alternativen bereitstehen, die das alte Paradigma ablösen können. Insbesondere der sich formierende Postkeynesianismus, aber auch der an Sraffa anknüpfende Neoricardianismus und neo-marxistische Ansätze fühlten sich berufen, das neue ökonomische Paradigma zu werden – besonders im Zuge der Gründung zahlreicher neuer Universitäten ab 1960 erhielten Vertreter dieser Ansätze vor allem an den so genannten Reform-Universitäten und Gesamthochschulen auch Professuren und ermöglichten so eine quantitativ insgesamt allerdings nur mäßige und regional sehr uneinheitliche Pluralisierung der Disziplin (vgl. Abb. 2.1).

Rückblickend muss konstatiert werden, dass das neoklassische Gleichgewichtsparadigma den Kampf um die Geltungshoheit in der Ökonomik klar für sich entschieden und damit eine hohe Resilienz bewiesen hat. Ausgehend von den USA ist es den Vertretern der Mainstream-Ökonomik gelungen, die paradigmatische Öffnung des Wissenschaftssystems in den Wirtschaftswissenschaften durch formelle und informelle Anreizsysteme wieder weitgehend zu schließen (vgl. Heise et al. 2017). So üben Ökonom:innen-, Universitäts- bzw. Fakultäts- und Zeitschriftenrankings und offizielle Leistungsbewertungsverfahren einen so enormen Konformitätsdruck auf akademische Rekrutierungsprozesse aus, dass die Berufung heterodoxer Ökonom:innen als Risiko für die institutionelle Reputation oder gar die finanzielle Ausstattung gesehen werden muss. In der Folge ist die temporäre Pluralisierung der Ökonomik der 1960er–1980er Jahre in allen hochentwickelten Ländern – auch in Deutschland – in den letzten Jahrzehnten wieder soweit begrenzt worden, dass bereits ängstlich nach der Zukunft der heterodoxen Ökonomik gefragt wird (vgl. Hodgson 2019) – was sich auch an der geringen Anzahl berufener heterodoxer Ökonom:innen an wirtschaftswissenschaftliche Fakultäten oder Fachbereiche an deutschen Universitäten zeigt (vgl.

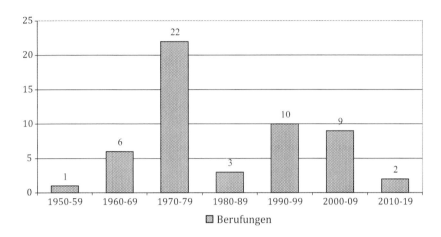

Abb. 2.1   Berufung heterodoxer Ökonom:innen an deutschen wirtschaftswissenschaftlichen Fakultät und Fachbereichen deutscher Universitäten. (Quelle: Heise/Sander/Thieme 2017 und eigene Berechnungen)

Abb. 2.1). Nur in einigen Schwellenländern, deren akademische Rekrutierungsprozesse keinen systematischen Bias gegen Vertreter der heterodoxen Ökonomik kennen – z. B. Brasilien -, zeigt sich eine andere, bessere Entwicklung.

Heterodoxie und Pluralismus – Versuche zur Begriffs- und Inhaltsbestimmung

Obwohl der Begriff ‚heterodoxe Ökonomik' seit den 1930er Jahren gebraucht wird, firmierten die in den 1960er bis 1980er Jahren berufenen, das neoklassische Mainstream-Paradigma ablehnenden Professor:innen nicht unter dem Signet ‚heterodox' und auch die Pluralismus-Forderung wurde noch nicht explizit erhoben – obwohl recht schnell Sammlungsbewegungen heterodoxer Ökonom:innen unter gemeinsamen institutionellen Strukturen entstehen (in Deutschland beispielsweise der Arbeitskreis Politische Ökonomie), sind diese eher strategischer als konzeptioneller Art (vgl. Jackson 2018): Die gemeinsame Kritik am herrschenden Mainstream eint, die unterschiedliche paradigmatische Verortung und ein auch von vielen heterodoxen Ökonom:innen geteiltes monistisches Wissenschaftsverständnis (‚one world, one truth') trennt und lässt die Vertreter der verschiedenen heterodoxen Ansätze davon träumen, im Prozess einer bevorstehenden Kuhn'schen wissenschaftlichen Revolution bald das dominante Paradigma zu vertreten. Häufig kam es deshalb innerhalb dieser Institutionen zu Unvereinbarkeiten, die – wenn nicht gar zum Ende mancher Institution – dazu führten, dass ein verbindendes Label wie ‚heterodoxe Ökonomik' eher gemieden wurde (vgl. Abb. 3.1).

Erst die Resilienz des neoklassischen Marktparadigmas als dominante Orthodoxie, die wieder zunehmende Marginalisierung heterodoxer Ansätze an den Universitäten und wissenschaftstheoretische Imperative führten zu einem Perspektivwechsel (vgl. Heise et al. 2017): Es geht nicht länger um einen Paradigmenwechsel im Kuhn'schen Sinne, sondern eine Öffnung der Wirtschaftswissenschaft für alternative, eben heterodoxe Ansätze, um einen Pluralismus zu ermöglichen, der allein dem Anspruch der Wissenschaftsfreiheit Rechnung tragen kann.

Dies nun aber erfordert, die relevanten Begriffe ‚Pluralismus' und ‚heterodoxe Ökonomik' klar zu definieren, denn schnell kamen Stimmen (aus dem

© Der/die Autor(en), exklusiv lizenziert an Springer Fachmedien Wiesbaden GmbH, ein Teil von Springer Nature 2023
A. Heise, *Heterodoxe Ökonomik*, essentials, https://doi.org/10.1007/978-3-658-41259-3_3

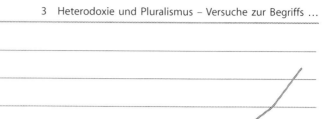

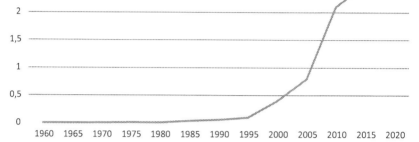

Abb. 3.1 Nennung des Begriffs ‚heterodox economics' in englischsprachigen Büchern von 1960–2020. (Quelle: Google books Ngram viewer)

Mainstream-Lager) auf, die den Mangel an Pluralismus in der Ökonomik bestritten und die ‚heterodoxe Ökonomik' in die Nähe abstruser Vorstellungen oder „unfruchtbar gewordene(r) wissenschaftliche(r) Sackgassen" (Bachmann 2016: 598) rückte.

3.1 Pluralismus versus Variation

Wir müssen nun zunächst verschiedene Formen des Pluralismus von einander abgrenzen, um dem häufig anzutreffenden Problem zu entgehen, in der Diskussion um den Stand der Pluralisierung der Ökonomik aneinander vorbei zu reden:

a) Methodenpluralismus
b) Theorienpluralismus
c) Paradigmenpluralismus

Auf methodischer Ebene gibt es viele verschiedene Ansätze – theoretische oder empirische, qualitative oder quantitative, statische oder dynamische, gleichgewichts- oder ungleichgewichtsorientierte, formal-mathematische oder narrative, lineare oder nicht-lineare -, mit denen man sich dem Prozess der Erkenntnisgewinnung nähern kann. Zurecht wird häufig kritisiert, dass der formal-mathematischen Methode ein zu großes Gewicht zulasten nicht-formaler, narrativer Methoden beigemessen wird, und doch lässt sich die Ökonomik keineswegs auf formal-mathematische Modellierung beschränken und in der jüngeren Vergangenheit haben empirische Methoden formal-theoretische Analysen an Bedeutung überholt (‚empirical turn‘). Der Vorwurf mangelnder methodischer Pluralität lässt sich jedenfalls gegenüber den Wirtschaftswissenschaften kaum aufrechterhalten und es ist zumeist genau der Verweis auf diesen Methodenpluralism, der von Mainstream-Vertretern vorgebracht wird, wenn ein Mangel an Pluralismus gekontert werden soll.

Die wirtschaftliche Realität setzt sich natürlich aus eine Reihe von Teilaspekten zusammen, die zwar unter einem gemeinsamen analytischen Dach – dem Paradigma – bearbeitet werden können, die aber jeweils eigene theoretische Zugänge erfordern: Wir können also beispielsweise zwischen der internationalen Ökonomik, der Arbeits(markt)ökonomik, der Institutionenökonomik, der Finanz(markt)ökonomik, der Umweltökonomik, der Gesundheitsökonomik, der Entwicklungsökonomik, der Innovationsökonomik u.v.m. ebenso unterscheiden wie zwischen einer Fixpreis- und einer Flexpreismodellierung, einer Kurzfrist- und einer Langfristanalyse etc. Diese verschiedenen Theorien sind also entweder auf verschiedene Gegenstandsbereiche bezogen oder basieren auf unterschiedlichen Annahmen, die außerhalb des so genannten ‚axiomatischen Kerns‘ eines Paradigmas im ‚schützenden Gürtel‘ liegen. Die Binnendifferenzierung der Wirtschaftswissenschaft ebenso wie der einer Wissenschaft immanente Drang nach ewiger Erweiterung des ‚Baumes der Erkenntnis‘ hat zu einer Vielzahl von sich ergänzenden (Gegenstandsbereiche), aber auch konkurrierenden (Annahmesetzungen) Theorien geführt, die ebenfalls gerne als Nachweis des Pluralismus der Ökonomik angeführt wird.

Von diesem sicher zu konstatierenden Theorienpluralismus der modernen Ökonomik ist der Paradigmenpluralismus zu unterscheiden. Paradigmen sind jene übergeordneten Grundauffassungen, in die verschiedene Theorien eingebettet sind. Theorien eines Paradigmas teilen die gemeinsame ontologische Basis, können sich aber in den epistemologischen Strukturen und methodischen Schwerpunktsetzungen unterscheiden und schaffen so intra-paradigmatische Variation, aber keinen Pluralismus. Pluralismus entsteht erst, wenn es mehrere Paradigmen gibt, die aufgrund ihrer unterschiedlichen ontologischen Fundamente unvereinbar (inkommensurabel) sind. Paradigmen einer wissenschaftlichen Disziplin sind grundsätzlich durch eine gemeinsame methodologische (nicht methodische!) Dimension vereint, die als Meta-Methode jene Verfahrensweise bestimmt, die allein die wissenschaftlichen Standards einer Disziplin ausmachen. Der fallibilistische Positivismus – also der Versuch, theoriegestützte Aussagesätze (Prognosen) zu widerlegen – ist jene Methodologie, die sich in der Ökonomik über mehrere Methodenstreite hinweg als ‚Qualitätssicherungsmechanismus' durchgesetzt hat.

Paradigmenpluralismus beschreibt also die Akzeptanz unterschiedlicher, inkommensurabler Grundvorstellungen basierend auf verschiedenen ‚Weltbildern', die häufig auch als ‚prä-analytische Visionen' oder ‚Heuristiken' bezeichnet werden, weil sie der Analyse *apriori* zugrunde liegen, nicht etwa *aposteriori* aus einer Analyse folgen. Damit ein derartiger Paradigmenpluralismus nicht als die Wissenschaftlichkeit der Disziplin unterminierender Relativismus gebrandmarkt werden kann, müssen die konkurrierenden Paradigmen dem methodologischen Standard der Disziplin Genüge tun.

3.2   Heterodoxie versus Orthodoxie

Im Laufe der Zeit entwickelt sich eine Wissenschaftsdisziplin entlang der epistemologischen, methodologischen und ontologischen Dimensionen und etabliert neben einem methodologischen Standard, der die ewigen Diskussionen um die Wissenschaftlichkeit der gelieferten Ergebnisse beendet, auch eine ontologische Grundauffassung heraus, die das Wesensmerkmal des untersuchten Teilsystems der Realität bestimmt – in der Astronomie war dies beispielsweise über Jahrhunderte hinweg das geozentrische Weltbild, also die Grundannahme, dass die Erde das Zentrum des Universums ist und sich entsprechend alles um die Erde dreht. In der Wirtschaftswissenschaft herrscht seit ihren Anfängen durch die Arbeiten des Schotten Adam Smith die Grundauffassung vor, es mit einem Marktsystem zu tun zu haben, auf dem der intertemporale Tausch unter Knappheitsbedingungen die zu analysierende Aktion darstellt (vgl. Aspers 2015). Der Kapitalismus wird also als Marktwirtschaft verstanden, in der die Wirtschaftssubjekte anhand ihrer Präferenzen knappe Konsum- und Produktionsgüter so allozieren, dass ein individuelles (und gesellschaftliches) Optimum entsteht.

Dieses Paradigma bildet den Rahmen für die ‚Normalwissenschaft', in der in zunehmender Differenzierung und Variation die o.g. Teilaspekte oder Perspektiven zur Lösung spezifischer Problemstellungen ausgearbeitet werden. Dabei basiert die analytische Beschreibung dieses Interaktionssystems – also die Deduktion – auf einigen Kernannahmen (‚Axiome') und daraus ableitbaren Postulaten, die nicht infrage gestellt werden können, ohne das Paradigma zu negieren. Weiterführende Hilfsannahmen – der sogenannte ‚schützende Gürtel' – sind notwendig, um konkrete Erklärungen und Prognosen abgeben zu können, die sich dann der empirischen Überprüfung stellen müssen. Diese Hilfsannahmen können im Vorhinein *(ex ante)* durchaus unterschiedlich ausfallen bzw. im Nachhinein *(ex post)* verändert werden, wenn die Modellprognose nicht mit der empirischen Messung übereinstimmen sollte. Neben diesem Paradigma – das dann zur Orthodoxie oder zum Mainstream wird, wenn es von der ganz überwiegenden Mehrheit der Wissenschaftlergemeinschaft geteilt und beispielsweise in Lehrbüchern als alleinige Repräsentation der Disziplin vermittelt wird – können weitere Paradigmen bestehen, die andere ontologische Grundlagen haben. So koexistierte in der Astronomie viele Jahrzehnte das geozentrische Weltbild des Ptolemäus mit dem heliozentrischen Weltbild des Nikolas Kopernikus, wobei zunächst dem geozentrischen Weltbild als uneingeschränkter Orthodoxie absoluter Wahrheitsanspruch zugebilligt und die Heterodoxie des heliozentrischen Weltbildes lange Zeit unterdrückt wurde. Auftauchende empirische Anomalien wurde durch Erweiterungen und Ergänzungen – also Veränderungen von Hilfsannahmen im schützenden Gürtel – in das Paradigma integriert, eine Transformation zum heliozentrischen Weltbild (Sonne als Zentrum der Planetenbewegungen) aber lange verhindert.

Auch wenn sich die Wirtschaftswissenschaftler der Entwicklungsgeschichte ihrer Disziplin gar nicht recht bewusst sein sollten, hat sich mit dem Marktparadigma ein massiv dominantes Forschungsprogramm in genau der oben beschriebenen Weise etabliert, dessen ontologische Basis einer Tausch- bzw. Marktwirtschaft durch einige wenige Axiome (vgl. Davidson 2009) – das Axiom der monetären Neutralität, das Substitutionalitätsaxiom und das Ergodizitätsaxiom – und Postulate – das Say'sche Theorem bzw. das Walras'sche Gesetz – gekennzeichnet ist. Durch Variation der Hilfsannahmen des schützenden Gürtels (z. B. über Preis- und Mengenflexibilitäten, Transaktionskosten, Erwartungsbildungen, etc.) und Betrachtungsperspektiven (z. B. Statik versus Dynamik) ist hieraus in der konkreten epistemologischen Ausgestaltung eine Vielzahl von scheinbar konkurrierenden, letztlich aber doch kommensurablen Theorien entstanden, die alle dem neoklassischen Marktparadigma zuzuordnen sind: das dynamisch-stochastische allgemeine Gleichgewichtsmodell, der Standard- und Neo-Keynesianismus, die Evolutions-, Verhaltens- und Experimentelle Ökonomik, die Ordnungsökonomik und der (neoklassische) Institutionalismus etwa.

Legt man diese Überlegungen zugrunde, sollte es nicht schwer fallen, die heterodoxe Ökonomik klar zu definieren: Es handelt sich nun um all jene Paradigmen, die zwar den methodologischen Standard mit der Orthodoxie teilen, sich aber auf andere prä-analytische Visionen stützen und folglich die Kernaxiome und die resultierenden Postulate der Orthodoxie zurückweisen. Wer den Tausch – also die intertemporale Allokation – als Grundkonstituente ökonomischen Handels akzeptiert, kann das Say'sche Theorem der klassischen Ökonomik bzw. dessen neoklassisches Pendant, das Walras-Gesetz, nicht negieren. Oder anders: Die Zurückweisung des Say'schen Theorem bzw. des Walras-Gesetzes wird zum Lackmustest der heterodoxen Ökonomik. Wenn sich aber heterodoxe Ökonomik so eindeutig definieren lässt, wieso wird dann immer wieder – gerade auch von heterodoxen Ökonom:innen selbst (vgl. Mearman/Berger/Guizzo 2019, Hodgson 2019) – die Schwierigkeit einer solch eindeutigen Definition behauptet?

Definitionen werden bestimmt durch ihren Zweck und ihre Grundlage. Der Zweck der Definition ‚Heterodoxie' im Falle der Wirtschaftswissenschaften besteht darin, eine begründete, aber auch praktikable Unterscheidung verschiedener Theorien und Paradigmen zu liefern. Die Grundlage dieser Unterscheidung hingegen kann durchaus variieren: Ich habe für meine Definition eine wissenschaftstheoretische Grundlage gewählt. Es ließe sich aber auch nach (vermeintlichen) notwendigen Konstitutionsbedingungen eines Paradigmas – z. B. die formal-mathematische Methodik (vgl. Lawson 2013) – suchen oder soziologische Kategorien – z. B. die selbstbestimmte Formung einer Wissenschaftlergemeinschaft (‚heterodox ist, wer sich für heterodox hält') – wählen.

Obwohl die Schnittmenge der von den unterschiedlichen Definitionsgrundlagen abgedeckten Theorien bzw. Paradigmen recht groß sein dürfte (vgl. Hirte/Thieme 2018), implizieren doch die festgestellten Definitionsunklarheiten einerseits Organisationshindernisse einer Wissenschaftlergemeinschaft, deren Selbstverständnis umkämpft ist, wie sie andererseits jene Kritiker ermutigen, die heterodoxe Ökonomik mit undifferenzierter Ablehnung des Mainstreams zu identifizieren und mangels klar definiertem Qualitätsstandard zu diskriminieren.

Heterodoxe Ansätze 4

Die Uneindeutigkeit des Begriffs ‚heterodoxe Ökonomik‘ hat natürlich Konsequenzen für die Bestimmung und Auswahl heterodoxer Ansätze. Gelegentlich wird der Mainstream in einen Kern orthodoxer Ansätze und einen Kranz von Variationen unterteilt, die als ‚Mainstream Dissenter‘ bezeichnet werden oder als ‚Colander's edge‘ den Forschungsrand des Mainstreams bezeichnen, der mit der Aufgabe wesentlicher Hilfs-, nicht aber der Kernannahmen experimentiert. Hierbei entsteht, so die Ansicht jener Stimmen, die Heterodoxie nicht wissenschaftstheoretisch, sondern soziologisch definieren, ein Graubereich zwischen Heterodoxie und Orthodoxie bzw. deren internen Dissentern, die eine eineindeutige Abgrenzung unmöglich macht (vgl. Abb. 4.1).

Die Unsicherheit der Zuordnung betrifft zumeist den Institutionalismus, die Evolutorische Ökonomik und die Österreichische Schule, während die Verhaltensökonomik fast einmütig – sowohl in der Selbst- wie Fremdzuschreibung – als Dissenter innerhalb des Mainstreams angesehen wird.

Das Journal of Economic Literature (JEL) der American Economic Association (AEA) kategorisiert die Beiträge in volkswirtschaftlichen Zeitschriften in gegenwärtig 20 Hauptkategorien, von denen die JEL-Kategorie ‚B‘ Beiträge umfasst, die sich neben dogmengeschichtlichen und methodologischen Aspekte mit heterodoxen Zugängen befasst. Die Subkategorie B5 spezifiziert ‚gegenwärtige heterodoxe Ansätze‘ – und zwar sind dies: sozialistische, marxistische und sraffianische (B51), historische, evolutorische, institutionelle Ansätze und Beiträge zur Modern Monetary Theory (B52), österreichische (B53), feministische (B54), sozialökonomische (B55) und andere (B56) Ansätze. Man könnte daraus den Schluss ziehen, dass auch heterodoxe Ansätze identifiziert und mithin von der AEA akzeptiert werden. Betrachtet man allerdings alle knapp 2000 Artikel, die seit dem Jahre 2000 in der Flaggschiff-Zeitschrift der VWL, dem American

© Der/die Autor(en), exklusiv lizenziert an Springer Fachmedien Wiesbaden GmbH, ein Teil von Springer Nature 2023
A. Heise, *Heterodoxe Ökonomik*, essentials,
https://doi.org/10.1007/978-3-658-41259-3_4

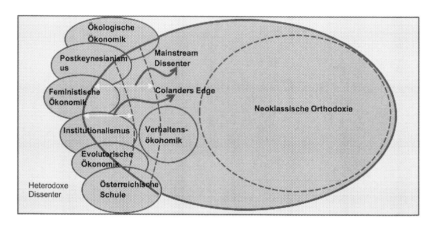

Abb. 4.1 Ökonomische Paradigmen (Nach: Dobusch/Kapeller 2012)

Economic Review (AER), erschienen sind, dann wurden davon gerade 5 Artikel (=0,25 %) der JEL-B5-Kategorie zugeordnet, von denen wiederum alle 5
Artikel evolutorische oder institutionelle Ansätze vertraten – also jene Ansätze,
die in der Zuordnung besonders umstritten sind. Die Tatsache, dass es keinen
(!) Artikel in den letzten 20 Jahren im AER gegeben hat, der einem der anderen
heterodoxen Ansätzen zugeordnet worden wäre, lässt den berechtigten Schluss zu,
dass es sich bei der evolutorischen und institutionellen Ökonomik eher um die
tolerierten Mainstream-Dissenter als um echte heterodoxe Ansätze handelt – so
jedenfalls werden sie hier behandelt. Wenn die evolutorische Ökonomik dennoch
im Folgenden dargestellt werden soll, dann vor allem, um die Schwierigkeiten
der Abgrenzung an einem Beispiel deutlich zu machen.

Des Weiteren werden wir uns mit dem Postkeynesianismus, der Regulationstheorie bzw. dem sozialstrukturellen Akkumulationsansatz, der Komplexitätsökonomik, der ökologischen Ökonomik und der feministischen Ökonomik
befassen – diese Ansätze finden wohl die größte Zustimmung, wenn nach heterodoxer Ökonomik gefragt wird. Dennoch handelt es sich letztlich um eine
Auswahl, die keine Gewähr auf Vollständigkeit bieten kann oder will. Einerseits
behalte ich es mir vor, Ansätze wie die Österreichische Schule nicht zu behandeln,
die mit den anderen heterodoxen Ansätzen nichts weiter teilt als das Schicksal,
vom Mainstream weitgehend ignoriert und als nicht mehr zeitgemäß marginalisiert zu werden – dies mag die Österreichische Schule zum strategischen Partner
der heterodoxen Ökonomik machen, eine Subsummierung unter die heterodoxe

Ökonomik würde aber dieses Etikett weitgehend substanzlos werden lassen. Und schließlich kann eine Vollständigkeit andererseits deshalb nicht garantiert werden, weil die Theorieentwicklung dynamisch ist und ständig neues hervorbringen kann, dessen Berechtigung zur eigenständigen Betrachtung sich erst noch erweisen muss. Dies gilt aus meiner Sicht beispielsweise für die Neuroökonomik (Teil der Verhaltensökonomik?) oder die Gemeinwohlökonomik.

4.1 Postkeynesianismus

Es gibt **den** Postkeynesianismus als einheitliche, kohärente Theorieschule nicht, was einerseits daran liegt, das der Begriff explizit in einer Weise verwendet wird, verschiedene Theorielinien zusammenzufassen, die gleichermaßen das Ziel verfolgen, die in der Wissenschaft seit Jahrzehnten dominanten (dynamisch-stochastischen) Allgemeinen Gleichgewichtsmodelle (DSGM) kritisch zu hinterfragen und als Mainstream abzulösen. Andererseits hat sich bislang kein Ansatz soweit durchsetzen können, dass er den Begriff ‚Postkeynesianismus‘ als paradigmatische Bezeichnung einer klar abgrenzbaren Alternative zum Mainstream hätte monopolisieren können.

Gemeinhin und grob werden dem Postkeynesianismus drei Theorieschulen zugeschrieben. Sie basieren in besonderer Weise auf den Arbeiten von John Maynard Keynes (und hier insbesondere auf seinem Opus Magnum ‚Die Allgemeine Theorie der Beschäftigung, des Zinses und des Geldes‘), von Michal Kalecki und Nicholas Kaldor – ob auch Piero Sraffas Beitrag zur Kritik der neoklassischen Theorie als ‚postkeynesianisch‘ klassifiziert werden kann, ist zumindest umstritten (vgl. Lavoie 2011). Während Keynes mit dem ‚Prinzip der effektiven Nachfrage‘ die Basis einer alternativen makroökonomischen Betrachtungsweise zur Bestimmung von Beschäftigung und Output – in Ablehung des Say'schen Theorems (bzw. dessen moderner Variante in Form des für die neoklassische Tauschtheorie konstituierenden ‚Walras-Gesetzes‘) – legt, sind Kaleckis und Kaldors Beiträge in Aspekten zu suchen, die in den originären Darlegungen von Keynes keine oder nur eine untergeordnete Rolle spielen: Preisbildungsprozesse auf wettbewerbsbeschränkten Märkten, Verteilungsfragen und deren Auswirkungen auf die aggregierte Nachfrage, dynamische Wachstumsprozesse und die Endogenisierung des Geldangebots.

Die ‚negative‘ Bestimmung des Postkeynesianismus als Ablehnung des Mainstreams teilt er allerdings mit weiteren heterodoxen Ansätzen wie der neomarxistischen (französischen) Regulationstheorie, dem (amerikanischen) ‚Social

Structure of Accumulation Approach' oder den mikroökonomisch orientierten komplexitäts- und evolutionsökonomischen Ansätzen, die dennoch nicht als postkeynesianisch bezeichnet werden. Es muss also auch ‚positive' Bestimmungsmerkmale geben, die die verschiedenen postkeynesianischen Theorieschulen verbinden. Verschiedene Autoren machen hier unterschiedliche Angebote: Tom Palley (1996) benennt sechs Kernaussagen, die alle Postkeynesianism teilten:

• die Bedeutung des sozialen Konflikts für die Einkommensverteilung
• die Zentralität der aggregierten Nachfrage für die Bestimmung des Niveaus der ökonomischen Aktivität
• die Unfähigkeit der Nominallohnanpassung zur Wiederherstellung von Vollbeschäftigung
• die Endogenität der Geldmenge
• die Bedeutung der Kreditfinanzierung für den makroökonomischen Prozess
• die fundamental veränderliche Natur der Erwartungen über eine unsichere Zukunft.

Fontana/Gerrard (2006) beschreiben drei ‚charakteristische keynesianische Vorstellungen', denen alle keynesianische Ökonom:innen zustimmen könnten:

• die Vorstellung unfreiwilliger Arbeitslosigkeit, die nicht im Selbstlauf abgebaut werden kann
• die Vorstellung des Prinzips effektiver Nachfrage, die das Niveau und den Entwicklungspfad von Output und Beschäftigung bestimmt
• die Vorstellung, dass es unter bestimmten Bedingungen effektive stabilisierungspolitische Maßnahmen gibt.

Schließlich formuliert Davidson (2009) drei Axiome, die das postkeynesianische Paradigma vom neoklassischen Paradigma fundamental unterscheidet:

• das Axiom monetärer Nicht-Neutralität (in Ablehnung des Axioms monetärer Neutralität des neoklassischen Paradigmas
• das Nicht-Substitutionalitätsaxiom (in Ablehnung des Brutto-Substitutionalitätsaxiom als Grundlage des ökonomischen Tausches)
• das Nicht-Ergodizitätsaxiom (in Ablehnung des Ergodizitätsaxioms als Grundlage der Formung von Erwartungen über eine unsichere Zukunft).

Während Palley und Fontana/Gerrard also einige miteinander kompatible bzw. sich ergänzende Postulate benennen, greift Davidson mit seiner axiomatischen

Grundstruktur des Postkeynesianismus weiter. Er formuliert damit einerseits den alternativen epistemologischen Kern des Paradigmas und verweist zugleich auf eine Ontologie, die die tauschtheoretische Ontologie der Neoklassik mit seiner allokativen Fokussierung als Grundkonstituente unseres Wirtschaftens zurückweist.

Die Verbindung zwischen dem epistemologischen Kern und den Postulaten muss durch entsprechende theoretische Ausdifferenzierung geschaffen werden, wobei hier unterschiedliche Schwerpunktsetzungen (‚horses for courses') – also die besondere Betrachtung wettbewerbsbeschränkter Märkte, die Betonung langfristiger Wachstumsprozesse oder kurzfristiger Gleich- oder Ungleichgewichtslagen, etc. – Anlass zu Variationen in der postkeynesianischen Theorieentwicklung geben können. Die ‚kaleckianische Variante' betont Marktimperfektionen, den Mark-up-Preisbildungsprozess und die Bedeutung der funktionalen Einkommensverteilung (also die Einkommensverteilung nach ‚Klassen' von Produktionsfaktorbesitzern) für die Investitionstätigkeit, den Einkommensbildungsprozess und die Beschäftigungsbestimmung durch die ‚effektive Nachfrage'. Die ‚kaldorianische Variante' war zunächst maßgeblich an der Überprüfung der Stabilität von Wachstumspfaden vor dem Hintergrund verschiedener Einkommensverteilungskonstellationen und deren Effekte für die aggregierte Nachfrage beteiligt. Später gaben Kaldors Arbeiten den Anstoß zur Endogenisierung des Geldangebots in postkeynesianischen Modellen.

Schließlich wird häufig darauf verwiesen, dass sich der Postkeynesianismus in methodologischer Hinsicht von seinem neoklassischen Widerpart unterscheidet: Einerseits kann dies in der spezifischen Variante des positivistischen Fallibilismus bestehen, die als kritischer Realismus besondere Anforderungen an die Validität der Annahmesetzungen stellt (vgl. z. B. Dow 1990), andererseits wird explizit auf die Grenzen des Optimierungskonzeptes des methodologischen Individualismus angesichts eines Informationsdefizits verwiesen und mit der besonderen Betrachtung von konventionellen Handlungsroutinen, eingeschränkter Rationalität und alternativen Entscheidungsverfahren (‚satisfizing' statt ‚optimizing'; vgl. Simon 1956) ein holistischer Ansatz verfolgt. Diese methodologischen Bekenntnisse, die letztlich Volkswirtschaften als ‚offene Systeme' fassen (vgl. Dunn 2000), dürften allerdings nicht ausreichen, um den Postkeynesianismus als heterodoxes Paradigma von anderen heterodoxen Paradigmen abzugrenzen.

4.1.1 Die monetäre Produktionsökonomik als postkeynesianisches Paradigma

Im Folgenden soll nicht, wie bereits dargelegt, der Versuch unternommen werden zu beschreiben, wie die verschiedenen Ansätze den oben benannten epistemologischen Kern mit den ebenfalls dargelegten Postulaten zu verbinden trachten, sondern es soll eine spezifische Variante des Postkeynesianismus vorgestellt werden. Die Auswahl dieser spezifischen Variante begründet sich in deren Fähigkeit, den Ansprüchen gerecht werden zu können, die eine paradigmatische Alternative (im Gegensatz zu einer Variation innerhalb eines Paradigmas) zum herrschenden neoklassischen Paradigma erfüllen muss: Sie muss auf der ontologischen Ebene – d. h. bezüglich der prä-analytischen Vision – ermöglichen, eine (positive und negative) Heuristik ableiten zu können, die die Vertreter eines Paradigmas eint.

Der monetäre Keynesianismus, der in Anlehnung an Keynes eine ‚monetäre Produktionsökonomik' beschreibt, grenzt sich von der Ontologie des intertemporalen Tauschs (‚barter economy', ‚real exchange economy' oder ‚neutral economy' in Keynesscher Terminologie; s. Keynes 1933) des neoklassischen Mainstreams ab, indem er die Grundkonstituente kapitalistischer, privateigentümlicher Ökonomien in Geldeinheiten denominierten Verpflichtungsverhältnissen (Gläubiger-Schuldner-Beziehungen) sieht (‚money wage economy' oder ‚entrepreneur economy' in Keynesscher Terminologie). Dieser eindeutige ontologische Perspektivwechsel zeigt sich in der Ablehnung der für den neoklassischen Mainstream charakteristischen Heuristiken der Selbstregulierung und der Gültigkeit des Sayschen Theorem bzw. des Walras'schen Gesetzes und findet seinen epistemologischen Widerhall in dem von Davidson benannten axiomatischen Kern des postkeynesianischen Paradigmas: Es gilt ein offenes ökonomisches System zu analysieren, dessen Bewegung nicht nur unidirektional durch historische Zeit verläuft, sondern dessen Ressourceneinsatz und –bewirtschaftung abhängig ist von Nachfrageentscheidungen bedingt rationaler ökonomischer Akteure in fundamental unsicheren Umwelten *(Non-Ergodizitätsaxiom)*. Es geht also im Kern nicht nur um die allokative Ressourcenbeherrschung durch rationale Akteure in risikobehafteten, aber erwartbaren Situationen – wie im neoklassischen Paradigma –, sondern um die makroökonomische Bestimmung des Faktoreinsatzes (insbesondere der Beschäftigung) und des Outputs auf der Grundlage von in Geldeinheiten denominierten Verpflichtungsverhältnissen.

In einer Verpflichtungsökonomie kommt dem Gelde eine andere Rolle zu als in einer Tauschökonomie: Geld dient in erster Linie nicht als Tausch-, sondern

als Zahlungsmittel (,medium of deferred payments') und ist mithin der liqui-
diste Vermögensgegenstand der Ökonomie, der in einer fundamental unsicheren
Umwelt mit einer Liquiditätsprämie belegt wird – die temporäre Aufgabe dieses Vermögensgegenstandes lässt sich der Vermögensbesitzer also honorieren.
Der Zinssatz als pekuniärer Ausdruck der Liquiditätsprämie ist also der Preis für
die Aufgabe von Liquidität, nicht der Preis fürs Warten (also für die Ersparnis
eines Einkommensanteils) und spiegelt in erster Linie Verwertungsunsicherhei-
ten wider, nicht etwa Zeitpräferenzen. Jener Vermögensgegenstand, der in einer
monetären Produktionsökonomie Geldfunktion übernehmen kann, muss gewisse
Eigenschaften besitzen bzw. zeichnet sich als Geldgut durch gewisse Eigenschaften aus: Er muss über eine Produktions- bzw. Beschäftigungselastizität von nahe
Null verfügen und seine Substitutionselastizität liegt ebenfalls nahe Null *(Non-
Substitutionalitätsaxiom)*. Geld ist also natürlich knapp bzw. eine Umleitung des
Verlangens nach Geld statt nach anderen Konsum- oder Investitionsgütern schafft
keine Beschäftigung und gleichzeitig führt eine Erhöhung des Preises für Geld –
also des Zinssatzes – nicht zu einer Substitution des Geldgutes durch andere
Güter, sondern ist gerade Ausdruck des besonderen Verlangens nach Geld.

Die Verfügungsbereitschaft der Vermögensbesitzer über Geld, die sich als
Liquiditätsprämie offenbart und im Zusammenspiel mit der Geldpolitik der
Notenbank das endogene Geldangebot bestimmt (und nicht, wie im Standardkeynesianismus die Geldnachfrage bei gegebenem Geldangebot) setzt der
Kapitalakkumulation und damit dem Einkommensbildungsprozess die notwendige Grenze und bestimmt also die Ressourcenbewirtschaftung. Änderungen in
der Verfügunsbereitschaft über Geld – also Änderungen der Liquiditätspräferenz –
haben Auswirkungen auf makroökonomische Variablen wie Volkseinkommen und
Beschäftigungshöhe *(monetäres Nicht-Neutralitätsaxiom)*.

4.1.2 Die postkeynesianische Theorie der Marktteilname als alternative Theorie der Wirtschaftspolitik

Die auf neoklassischen (tauschtheoretischen) Annahmen basierende Wohlfahrts-
ökonomik führt den Nachweis, dass das Ergebnis ökonomischer Interaktionen
auf ,vollkommenen Märkten' immer pareto-optimal ist – ein wirtschaftspolitischer Eingriff ließe sich unter diesen Bedingungen nicht rechtfertigen. Oder
anders: die Grundlage für wirtschaftspolitische Intervention durch einen außen-
stehenden Akteur – den Staat – muss in der Unvollkommenheit realer Märkte
gesucht werden. ,Marktfehler' und ,Marktversagen' liegen immer dann vor, wenn
die weitreichenden Informationsverfügbarkeits- und –verarbeitungsannahmen,

Substituierbarkeits-, Mobilitäts- und Wettbewerbsannahmen, die für ‚vollkommene Märkte' unterstellt werden müssen, nicht erfüllt sind bzw., wie z. B. im Falle reiner öffentlicher Güter, Märkte gar nicht erst entstehen. Der Staat als Träger der Wirtschaftspolitik wird in dieser Vorstellung zum Reparaturunternehmen, das dafür Sorge zu tragen hat, dass die realen Märkte in ihrer ordnungspolitischen Funktion möglichst dicht an die Vision des ‚vollkommenen Marktes' herankommen. Es zeigt sich also ein Primat der Ordnungspolitik mit allokativer Ausrichtung, dem die prozesspolitische Intervention allenfalls konjunkturpolitische Ergänzungen und die Bereitstellung (reiner) öffentlicher Güter hinzufügen kann – angesichts der Informationsmängel und verschiedener Verzögerungen im Ablauf wirtschaftspolitischer Koordinierung sind zumindest die konjunkturpolitischen Maßnahmen immer großer Skepsis ausgesetzt.

Es kann nicht verwundern, dass Wirtschaftspolitik im Postkeynesianismus nicht nur einen anderen Stellenwert einnimmt, sondern eine andere theoretische Fundierung erhalten muss (vgl. Heise 2009): Die wohlfahrtstheoretische Grundlage der neoklassischen Theorie des Marktversagens unterstellt die Ressourcenbeherrschung als Referenzrahmen, während die postkeynesianische Theorie der monetären Produktion die Ressourcenbewirtschaftung thematisiert und angesichts der Normalität des Unterbeschäftigungsgleichgewichts kein zu korrigierendes Marktversagen unterstellen muss, sondern den staatlichen Akteur zum Marktteilnehmer bestellt, der durch sein ordnungs- und prozesspolitisches Handeln die Marktergebnisse in einer vorbestimmten Weise zu beeinflussen versucht (vgl. Riese 1998). Die Ziele entspringen dabei nicht der Funktionslogik der Märkte, sondern der demokratischen Deliberation.

Wenn Ökonomien als offene, nicht-deterministische Systeme verstanden werden, können einzelne Marktteilnehmer – auch wenn sie wie der Staat von besonderer quantitativer Bedeutung sind – makroökonomische Marktergebnisse nicht im Rahmen eines teleologischen Ziel-Mittel-Ansatzes verfolgen. Dies liegt daran, dass die Marktakteure keine Möglichkeiten haben, zwischen gewünschten und ungewünschten Preis- und Mengenkonsequenzen ihres Verhaltens eindeutig diskriminieren zu können, sondern diese letztendlich als Marktergebnis akzeptieren müssen. Diese Aporie ergibt sich zwangsläufig aus der Handlungsinterdependenzen der Akteure und den sich daraus ergebenden Unsicherheiten über die Handlungs(bzw. Spiel-)strategien.

Die Wirtschaftspolitik kann ihre Ziele – z. B. Vollbeschäftigung und Preisstabilität – also nur verfolgen, wenn es ihr gelingt, auf Grundlage gegebener Handlungsrationale der privaten Marktteilnehmer eine Marktkonstellation zu erzeugen, in deren Rahmen sich die Zielsetzungen als marktkonform ergeben.

Marktkonstellationen sind dabei als das Zusammenspiel von formellen und informellen Institutionen (wie z. B. Notenbankverfassungen, Kollektivvertragssysteme, etc.), historischen Marktbedingungen (wie z. B. Marktsättigungstendenzen oder multilaterale, von nationalen Akteuren nicht zu kontrollierende Absprachen wie Währungssysteme, etc.) und anderen ökonomischen und politischen Faktoren (wie z. B. kollektive Stimmungen oder gesellschaftliche Gedächtnisse) zu verstehen, die eine gewisse Dauerhaftigkeit aufweisen. Postkeynesianische Wirtschaftspolitik im Sinne der Theorie der Marktteilnahme geht damit die Teleologie diskretionärer Wirtschaftspolitik der klassischen Nachfragepolitik ebenso ab wie die Nomokratie des klassischen angebotspolitischen Ordoliberalismus – stattdessen wird eine beschränkte Steuerungsfähigkeit begründet, die sich gleichermaßen auf prozess- und ordnungspolitische Eingriffe stützt, um im Rahmen einer zielkonformen Marktkonstellation die privaten und öffentlichen Marktakteure dazu zu bringen, einen gewünschten makroökonomischen Output zu erzeugen.

Von besonderer Bedeutung für die Wirtschaftspolitik in Rahmen der Theorie der Marktteilnahme sind dabei Institutionen, die die Strategie- und Handlungsunsicherheit der Marktakteure reduzieren und damit ihre Handlungen vorhersehbarer machen: dies können Systeme fester Wechselkurse und Kollektivvertragssysteme sein, die die Bewertungsvolatilitäten reduzieren, vor allem aber sind kooperationsfördernde Institutionen notwendig, um die in den Handlungsinterdependenzen angelegten Handlungsblockaden zu lösen. Derartige Institutionen sind im ökonomischen Institutionengefüge durchaus bekannt – zu denken wäre an die ‚konzertierte Aktion‘ des Stabilitäts- und Wachstumsgesetzes und das ‚Bündnis für Arbeit‘ der ersten Schröder-Regierung in Deutschland, den Sozialwirtschaftlichen Rat in den Niederlanden, den Wirtschafts- und Sozialrat in Österreich oder den Europäischen Makrodialog in der Eurozone.

Postkeynesianische Wirtschaftspolitik der Marktteilnahme ist also als kooperative oder integrative Wirtschaftspolitik zu verstehen, die traditionelle keynesianische Prozesspolitik – also expansive Finanz- und Geldpolitik – mit einer Ordnungspolitik verknüpft, die durch Institutionalisierung eine Abstimmung der makroökonomischen Politikträger ermöglicht, deren Ziel wohlfahrtssteigernde Marktkonstellationen sind.

4.2   Die französische Regulationstheorie und der amerikanische Social-Structure-of-Accumulation-Approach

An den wirtschaftswissenschaftlichen Fakultäten deutscher Universitäten sind marxistische Ansätze mittlerweile überhaupt nicht mehr vertreten. Damit ist auch eine paradigmatische Entwicklung an Deutschland weitgehend vorbeigegangen, die in Frankreich als ‚Regulationsschule' und in den USA als ‚Social Structure of Accumulation Approach' (SSA) bekannt geworden ist. Beide Theorieentwicklungen greifen auf die Marxistische Politische Ökonomie (MPÖ) zurück und entwickeln daraus eine institutionengestützte Periodisierung der Entwicklung kapitalistischer Ökonomien vor dem Hintergrund immanenter Krisen- und Selbstaufhebungstendenzen, wie sie die MPÖ beschreibt.

4.2.1   Die theoretische Basis und der regulative Überbau

Die Regulationsschule und der Social-Structure-of-Accumulation-Approach unterscheiden sich in den Begrifflichkeiten und in manchen theoretischen Nuancen (vgl. Kotz 1990), die allerdings für unseren Betrachtungsgrad zu fein sind, um näher untersucht zu werden – weshalb die französische Regulationsschule und der amerikanische SSA-Ansatz hier als Einheit präsentiert werden sollen. Kern der beiden Ansätze ist die Akzeptanz der marxistischen Arbeitswertlehre und der Marxschen Krisentheorie und damit ein ontologischer Zugang, der ökonomisches Handeln im Kapitalismus im Kontext von Macht- und Ausbeutungsverhältnissen begreift. Es geht beiden Ansätzen nicht darum, spezifische Wirtschaftssituationen in ihren konjunkturellen oder strukturellen Eigenheiten zu erklären, sondern die langfristigen Entwicklungstendenzen als spezifische Akkumulationsphasen nachvollziehbar zu machen. Dabei steht nicht etwa eine Kategorisierung in Früh-, Hoch- oder Spätphasen des Kapitalismus – also die Beschreibung der Selbstaufhebungstendenz – im Vordergrund, sondern vielmehr die Resilienz des Kapitalismus durch permanente institutionelle Anpassung.

Nach Marxistischer Wertlehre kann nur der Produktionsfaktor Arbeit Mehrwert schaffen, der dann entweder als Lohn an den Arbeiter oder als Profit an den Kapitalbesitzer weitergegeben wird. Im beständigen Verteilungskampf wird die Verteilung des Mehrwerts und damit die Ausbeutungsrate bestimmt, denn beim Profit handelt es sich in der Vorstellung der MPÖ um angeeigneten Mehrwert, den die Arbeit allein geschaffen hat. Die Aneignung des Mehrwerts, die wiederum Ausgangspunkt und Zielpunkt kapitalistischer Akkumulation gleichermaßen ist, unterliegt allerdings dem Grundwiderspruch des Kapitalismus, dass Arbeit als Kostenfaktor im ständigen Konkurrenzkampf der Unternehmen eingespart werden muss, andererseits damit auch die Quelle des Mehrwerts und des Profits untergraben wird. Dieser für die MPÖ konstitutive Grundwiderspruch, der sich in einem tendenziellen Fall der Profitrate manifestiert und die Kapitalisten ständig aufs Neue dazu zwingt, konterkarierende Maßnahmen (z. B. Ausweitung der Mehrwertproduktion, Verlängerung der Arbeitszeit, Erhöhung des Ausbeutungsgrades, etc.) zu ergreifen, wird überlagert vom zyklisch widerkehrenden Auseinanderfallen von Produktions- und Verwertungsmöglichkeiten. Die entstehenden Spannungen entladen sich in krisenhafter Entwertung des akkumulierten Kapitals, was die Grundlage für einen neuen Akkumulationszyklus bei wiederhergestellter Profitabilität bildet.

Hier nun kommt die Marxsche Erkenntnis ins Spiel, dass zwischen ‚realer Basis‘ und ‚juristischem und politischem Überbau‘ zu unterscheiden ist (vgl. Marx 1859). Als reale Basis fungiert, wie angedeutet, die akkumulationstheoretische Betrachtung des Kapitalismus auf Grundlage der MPÖ. Der juristische und politische Überbau beschreibt jene institutionelle Einbettung, die das konkrete historische Akkumulationsregime als Regulationsweise umgibt und die möglichst störungsfreien Verwertungsbedingungen des Kapitalismus zu sichern hat.

4.2.2 Das Akkumulationsregime und die Regulationsweise

Die kapitalistische Entwicklung basierend auf Produktions- und Konsumtionsentscheidungen von einander sich unterscheidenden und unabhängigen Akteuren läuft langfristig Gefahr, dass sich die Mehrwertproduktion – als eigentliches Ziel – nicht mehr realisieren lässt, wenn mittels Arbeit sparendem technischem Fortschritt immer weniger des mehrwertschaffenden Faktors Arbeit eingesetzt wird. Der Akkumulationsprozess kommt dann ins Stocken, wenn einerseits der angeeignete Mehrwert – der Profit – als Grundlage der weiteren Ausdehnung der Produktionskapazität sinkt, andererseits der erwartete Profit als Motiv der Akkumulation zunehmend geringer ausfällt. Der von manchem klassischen Politischen Ökonomen (z. B. John Stuart Mill) geradezu herbeigesehnte ‚stationäre Zustand‘ (also nurmehr Reproduktion auf gleicher Stufe) war für Marx mit dem Kapitalismus unvereinbar, weil er jeglichen Produktionsanreiz nehmen muss. Er wird allerdings, was letztlich aber nur temporär gelingen kann, durch Gegenmaßnahmen aufzuhalten versucht: durch Steigerung der täglichen Arbeitszeit oder einer Erhöhung der Produktivität in den Subsistenzmittelindustrien kann die Ausbeutungsrate erhöht werden, durch Ausdehnung kapitalistischer Produktion auf vormals ausgeklammerte Bereiche (z. B. im Gesundheitssektor) oder Länder (z. B. in der früheren sozialistischen ‚2. Welt') kann die Mehrwertproduktion erhöht werden. Diese Entwicklungen sind überlagert von dem jederzeit möglichen Auseinanderfallen von Produktions- und Konsummöglichkeiten, die sich als Disproportionalitäten in einzelnen Sektoren, aber auch der Gesamtwirtschaft zeigen können und sich durch Krisen offenbaren.

Diese allgemeingültigen Entwicklungstendenzen formen sich in konkreten Akkumulationsdynamiken aus, in denen sich historisch-spezifische Produktionsweisen und Konsumnormen auswirken – das sogenannte Akkumulationsregime. Am bekanntesten und am besten spezifiziert ist wohl der Fordismus des industriellen Akkumulationsregimes. Eine auf tiefer Arbeitsteilung beruhende betriebliche Arbeits- und Ablauforganisation ermöglicht die massenhafte Produktion weitgehend identischer Produkte (Massenproduktion) und durch Steigerung der Arbeitsproduktivität wird eine Erhöhung der Ausbeutungsrate erzielbar. Damit hieraus aber eine zumindest temporär stabile Entwicklungsphase des Kapitalismus entstehen kann, die die Bezeichnung Akkumulationsregime verdient, bedarf es der Absicherung, dass die Produktionsmöglichkeiten auch Absatz finden und entsprechend der Profitrealisierung dienen. Dies kann durch Arbeits- und Konsumnormen und diese absichernde Institutionen gewährleistet werden, die zusammen als Regulationsweise oder soziale Struktur der Akkumulation (social structure of accumulation) bezeichnet werden: Im Fordismus gewährleisten genau spezifizierte Lohnkontrakte die Arbeitskontrolle, starke Vereinigungen der Arbeiter aber gleichzeitig eine starke Position im Verteilungskampf, die Einkommen ermöglichen, die den notwendigen Massenkonsum stützen. Die gleichförmige ‚tayloristische' Arbeit legt den Grundstein für kollektive Arbeits- und Sicherungssysteme (z. B. Mitbestimmung, kollektives Arbeitsrecht, gesetzliche Kranken-, Arbeitslosen- und Rentenversicherungen), die zusammen mit einer auf Internationalisierung setzenden Außenwirtschaftsregulation (z. B. Stärkung des grenzüberschreitenden Warenhandels mit fixen Wechselkursen bei gleichzeitiger Beschränkung des globalen Kapitalverkehrs) und einer die Mehrwert- und Einkommensgeneration verstetigenden Stabilisierungspolitik des Staates den ‚nationalen Keynesianischen Wohlfahrtsstaat' (NKWS) des goldenen Zeitalters des Kapitalismus ermöglicht (vgl. Marglin/Shor 1990; Pineault 2021).

Mit dem Übergang von der Massen- zur idiosynkratischen Spezialproduktion und dem zunehmenden Tertiarisierungsprozess geriet das fordistische Akkumulationsregime an die Grenzen seiner befriedenden Wirkung auf den kapitalistischen Grundwiderspruch und die Regulationsweise begann sich den Anforderungen an steigende Flexibilität – in den Arbeitsnormen und -weisen, in der Suche nach grenzüberschreitenden Kapitalanlagemöglichkeiten etc. – anzupassen. Damit kam dann auch das fordistische Wohlfahrtsmodell – der nationale Keynesianische Wohlfahrtsstaat – unter Beschuss. Eine Zeitlang schien sich mit dem Finanzkapitalismus eine neues, finanzmarktgetriebenes Akkumulationsregime herauszukristallisieren, indem der neoliberale Trias aus Flexibilisierung, Deregulierung und Privatisierung eine Regulierung anstrebte, die den Anforderungen an eine globalisierte post-industrielle Dienstleistungs- und Finanzökonomie (flexible Kapital- und deregulierte Arbeitsmärkte, offene Grenzen für Finanz- und Realkapitalströme, reduzierte Sozialsysteme) Rechnung trug. Der NKWS beginnt sich zum ‚Schumpeterianischen Wettbewerbsstaat' (SWS) zu wandeln (vgl. Jessop 2007). Spätestens die Weltfinanzkrise nach 2007 hat aber die Brüchigkeit dieses Akkumulationsregimes und der Regulationsweise gezeigt und deutlich gemacht, dass die soziale Struktur der Akkumulation nicht ohne weiteres ein neues, kohärentes System hervorbringt, dass die kapitalistischen Widersprüche befrieden kann.

4.2.3 Wirtschaftspolitische Ableitungen?

Nach MPÖ wird der Kapitalismus historisch an seinen Grundwidersprüchen zerbrechen. Bis es allerdings soweit ist, werden die Profiteure des Kapitalismus – die Kapitalbesitzer – alles unternehmen, um diesem Grundwiderspruch zu trotzen und die Kapitalprofitabilität immer aufs Neue herzustellen und nach institutionellen Komplementaritäten suchen, die zumindest temporär die Kapitalrentabilität stabilisieren. Wenn Wirtschaftspolitik also als Versuch verstanden wird, die Funktionalität des Kapitalismus zu sichern, dann impliziert dies nach MPÖ immer die Unterstützung der Kapitalinteressen, nicht etwa des Allgemeinwohls. Der Staat als Träger der Wirtschaftspolitik muss sich also einseitig den Kapitalinteressen unterwerfen, was aber keineswegs bedeutet – die Entwicklung des nationalen keynesianischen Wohlfahrtsstaates im fordistischen Akkumulationsregime macht dies deutlich -, dass nicht auch die allgemeine Wohlfahrt der breiten Bevölkerungsschichten gesteigert werden kann. Dies ist vor allem dann der Fall, wenn es der für die Funktionsfähigkeit des Kapitalismus benötigte Klassenkompromiss in der je historischen Akkumulationsphase erfordert.

Die Regulationstheorie und der SSA-Ansatz liefern sicher keine fertige wirtschaftspolitische Konzeption. Wie der eher nachfragepolitisch gestützte NKWS und der eher angebotspolitisch argumentierende SWS deutlich machen, können mit unterschiedlichen Akkumulationsregimen nicht nur unterschiedliche Regulationsmodi, sondern auch unterschiedliche, dazu passende Wirtschaftspolitiken erklärbar werden. Den Staat allerdings lediglich als ‚ideellen Gesamtkapitalisten‘ (Engels 1877) aufzufassen, wird auf der Grundlage der Regulationstheorie bzw. dem SSA-Ansatz weder dem komplexen Institutionengeflecht gerecht, welches den Staat ausmacht, noch der Tatsache, dass sich das politische System nicht einfach den Anforderungen des ökonomischen Systems unterwirft (vgl. Jessop 2007).

4.3   Die Komplexitätsökonomik

Die Ökonomik wird gemeinhin als ‚imperialistische Wissenschaft‘ insbesondere im Hinblick auf die anderen Sozialwissenschaften bezeichnet, weil sie ihre Methoden und Theorien auf außerökonomische Fragestellungen überträgt. Tatsächlich hat die Wirtschaftswissenschaft aber immer auch Anleihen an andere Disziplinen genommen: An die Geschichtswissenschaft, Biologie, vor allem aber an die Physik. Indem sie sich auf methodologische und methodische Konzepte anderer Wissenschaften stützte, glaubte sie Wissenschaftlichkeit, Professionalität und damit Autorität importieren zu können: Was in anderen anerkannten Disziplinen akzeptiert wurde, war für die Ökonomik gerade gut genug. Während der neoklassische Mainstream die Konzepte der hydraulischen Physik zur Vorlage nimmt, ist die Komplexitätsökonomik Teil eines transdisziplinären Projektes der Komplexitätswissenschaften, die außerdem die Disziplinen Physik, Biologie, Chemie und Informatik umfasst; einige sprechen bereits von einer wissenschaftlichen Revolution, die den herrschenden reduktionistischen Ansatz der Vergangenheit durch einen Emergenzansatz der Zukunft ersetzt (Fromm 20.004).

‚Komplexität‘ ist ein schlechtdefinierter Begriff, weshalb gelegentlich vom konfusen Zustand der Komplexitätsökonomik gesprochen wird (Vgl. Perona 2007). Obwohl einige Bestandteile unstrittig erscheinen, sind der epistemologische und ontologische Charakter der Komplexitätsökonomik alles andere als klar und einheitlich. Wir wollen deshalb zunächst mit den weniger kontroversen Bestandteilen beginnen (vgl. z. B. Roos 2015a):

- eine große Anzahl interagierender, heterogener Akteure
- Selbstorganisation und Selbstanpassung
- nicht-lineare Dynamik
- Ungleichgewicht

Diese Bestandteile formen die Systemeigenschaften der Emergenz und (theoretischen) Unvorhersagbarkeit, die ihrerseits unkontrovers erscheinen. ‚Emergenz‘

beschreibt dabei eine Systemeigenschaft, die Determiniertheit (aufgrund der angenommenen Existenz von Verbindungen zwischen allen Systemelementen) mit abwärtsgerichteter Kausalität (‚downward causation') – also der Annahme, dass Ergebnisse auf der Makroebene die Handlungsweisen auf der Mikroebene beschränken und somit nicht vollständig aus den Eigenschaften der Akteure auf der Mikroebene deduziert werden können – verbindet und damit die Unvorhersagbarkeit der Makroergebnisse begründet (vgl. z. B. Christen/Franklin 2002).

4.3.1 Epistemologische Komplexität

Es können nun aber zwei unterschiedliche Ansätze in der Literatur ausgemacht werden, die sich im Fokus und in der Akzentuierung unterscheiden (vgl. Bronk 2011): ‚Epistemologische Komplexität' konzentriert sich auf die nicht-linearen Verbindungen der heterogenen, interagierenden Akteure, was aus epistemologischer Sicht in emergenten Ergebnissen auf der Makroebene resultiert. Da das System aber als geschlossen und damit auf der ontologischen Ebene als determiniert angenommen wird, muss hier ‚Komplexität' als ‚Kompliziertheit' verstanden werden (vgl. Holt/Rosser/Colander 2011).

Im Gegensatz zur neoklassischen Orthodoxie weist die Komplexitätsökonomik auf der methodischen Ebene das allokative Optimierungsverhalten unter Beschränkungen als zu simpel zurück und ersetzt es durch einen Emergentismus, der auf algorithmische Verfahren statt linearer Optimierung baut. Da Wissenschaft eine Komplexitätsreduktion der Wirklichkeit vornehmen muss, lobt die epistemologische Komplexitätstheorie zwar die neoklassische Ökonomik für ihre historischen Verdienste in der Formung der Disziplin (vgl. Foster 2005), glaubt aber doch, dass der deduktive Reduktionismus allzu viele wesentliche Bestandteile der ökonomischen Realität eliminiert hat, um noch von Nutzen zu sein: Der ‚Ockham'sche Rasierer' war schlicht zu scharf. Obwohl es, soweit mir bekannt, nie explizit formuliert wurde, scheint es allerdings keinen Grund zu geben, weshalb dieser Komplexitätsansatz auf makroökonomischer Ebene das Walras-Gesetz zurückweisen sollte, da es die gleiche prä-analytische Vision wie die neoklassische Orthodoxie als heuristisches Hilfsmittel verwendet.

4.3.2 Ontologische Komplexität

Die ‚ontologische Komplexität' als zweiter eigenständiger Ansatz verabschiedet sich von der monistischen Vision der ökonomischen Realität als geschlossenes System und ersetzt es durch eine ‚offene System-Ontologie', die die Emergenz in Richtung Kontingenz erweitert. Kontingenz meint dabei eine Realitätsrepräsentation, die nicht-deterministisch und nicht-ergodisch in dem Sinne ist, dass sich die zukünftige Entwicklung einer Variablen nicht aus ihrer Vergangenheit herleiten lässt und somit nicht vollständig erklärbar und rational erwartbar ist – es besteht also fundamentale Unsicherheit. Und fundamentale Unsicherheit darf nicht mit der Unvorhersehbarkeit der heuristischen Komplexität verwechselt werden: Wie Paul Davidson (1993, 1996) gezeigt hat, muss sich fundamentale Unsicherheit nicht auf nicht-lineare Dynamiken stützen und Rosser (2006) hat verdeutlicht, dass Unvorhersehbarkeit – anders als fundamentale Unsicherheit – eben auch unter ergodischen Bedingungen existieren kann.

Epistemologisch und methodologisch folgen beide Komplexitätskonzeptionen vergleichbaren Wegen: algorithmische, ungleichgewichtige Modellierung heterogener, eingeschränkt rational und sozial in Netzwerken interagierender Akteure. Die Annahmen über alternative Entscheidungsregeln „basieren auf experimentellen Erkenntnissen (…), empirischen Beobachtungen von Verhaltensweisen auf konkreten realen Märkten (…), psychologischer Literatur zu heuristischem Verhalten (…), publizierten Heuristiken zur Entscheidungsunterstützung von Unternehmen bei spezifischen Entscheidungen (…), Annahmen einer Erfolgs-basierten Anpassung von Entscheidungsregeln durch Agenten (…) oder auch Optimierungskalkülen von Agenten innerhalb (vereinfachter) interner Modelle ihrer ökonomischen Umgebung" (Dawid 2018: 772).

Wenngleich sich auch die ontologische Komplexitätsökonomik nicht explizit zur Bedeutung des Walras-Gesetzes positioniert, lässt die Annahme eines offenen, nicht-ergodischen Systems doch dessen Ablehnung grundsätzlich zu – Robert Axtell (2005) glaubt gar, dass dies gelte, selbst wenn die prä-analytische Vision des intertemporalen Tausches übernommen würde.

Zusammenfassend kann darauf verwiesen werden, dass die Komplexitätsökonomik unterschiedliche Paradigmen begründet, die zwar eine enge ‚Familienähnlichkeit' (Vgl. Arthur et al. 1997) im Hinblick auf die epistemologische und methodische Dimension ihres wissenschaftlichen Forschungsprogrammes zeigen, gleichwohl nicht die gleiche ontologische Basis teilen. Die beiden Paradigmen, die ich mangels besserer Bezeichnung an dieser Stelle Komplexitätsökonomik I und Komplexitätsökonomik II nennen möchte, haben vielleicht mehr Gemeinsamkeiten (Ungleichgewichtsorientierung, algorithmische Formalisierung, beschränkte Rationalität) als Unterschiede (geschlossenes versus offenes System, Emergenz versus Kontingenz, deterministisch-ergodisch versus nondeterministisch-non-ergodisch), und doch sollten die Differenzen nicht übersehen werden, da sie für die Einordnung in den Orthodoxie-Heterodoxie-Dualismus wichtig werden können.

4.3.3 Wirtschaftspolitische Implikationen der Komplexitätsökonomik

Die Komplexitätsökonomik hat ein anderes Verständnis von der Interaktionsstruktur der ökonomischen Akteure als der neoklassische Mainstream. Obwohl zumindest die MKÖ ebenso wie der neoklassische Mainstream letztlich deterministisch ist, beschreibt die Komplexitätsökonomik in beiden Varianten kein selbstregulierendes – quasi-mechanisches – System, dessen Gravitationszentrum – das allgemeine Gleichgewicht – klar benennbar und dessen Nicht-Erreichen kurzfristig auf exogene Schocks und langfristig auf Marktfehler zurückzuführen ist. Dieses Ergebnis, das ein Marktversagen darstellt, bildet schließlich den Ausgangspunkt für wirtschaftspolitische Interventionen. Dem komplexitätstheoretischen Verständnis nach handelt es sich beim ökonomischen System vielmehr um ein organisches, adaptives Gebilde, dessen makroökonomischen Ergebnisse unvorhersagbar, stark pfadabhängig, zumeist irreversibel und durch sogenannte Attraktoren dennoch lokal stabil sind.

Für die Wirtschaftspolitik hat dieses Verständnis verschiedene Implikationen (vgl. Roos 2015b): Einerseits gibt es keinen klar beschreibbaren Zustand, der als ‚natürliches‘ Ergebnis den Ausgangspunkt für wirtschaftspolitische Interventionen böte – gewünschte Ziele müssen also normativ benannt und außerhalb des ökonomischen Systems bestimmt werden. Zweitens sind organische Systeme, anders als mechanische Systeme, nicht teleologisch steuerbar. Die Folgen wirtschaftspolitischer Eingriffe sind, ebenso wie das zugrunde liegende System, zwar determinier-, nicht aber vorhersagbar.

Wirtschaftspolitische Konzeptionen wie eine Angebots- oder Nachfragepolitik auf der Grundlage des neoklassischen Mainstreams oder einer kooperativen Wirtschaftspolitik auf der Grundlage des Postkeynesianismus lässt sich aus der Komplexitätsökonomik nicht ableiten. Ähnlich der postkeynesianischen Theorie der Marktteilnahme kann es aus Sicht der Komplexitätsökonomik nur darum gehen, die ökonomischen Akteure – also Konsumenten, Sparer, Investoren, etc. – zu einem Verhalten zu animieren, dass ein gewünschtes Makro-Ergebnis

ermöglicht. Aufgrund der Emergenz (MKÖ) bzw. Kontingenz (HKÖ) des ökonomischen Systems kann eine solche Wirtschaftspolitik immer nur experimentellen
Charakter haben – was aufgrund der Irreversibilitätsannahme durchaus gesell-
schaftlich problematisch sein kann und aus politökonomischer Sicht sicher
unbefriedigend bleiben muss.

4.4   Die evolutorische Ökonomik

Die evolutorische oder Evolutionsökonomik (EÖ) stellt seit den 1990er Jahren
nach der Ökologischen Ökonomik den gegenwärtig am stärksten wachsenden Teil
jener ökonomischen Erkenntnisbildung dar, die wir als heterodox vorstellen wollen (vgl. Abb. 4.2). Doch wie bei fast allen anderen ökonomischen Schulen bzw.
Paradigmen, so gibt es auch in der Evolutionsökonomik verschiedene Strömun-
gen, die auf unterschiedliche Ursprünge – hier Joseph Alois Schumpeter, dort
die amerikanischen Institutionalisten um Thorstein Veblen und gelegentlich wird
auch Friedrich August von Hayek genannt – zurückzuführen sind (vgl. Hodgson
1999: 127 f.). Wir wollen uns hier auf den schumpeterianischen Evolutionismus
konzentrieren, dessen Anklänge an den biologischen Evolutionismus offensicht-
lich sind: Es geht nicht um die Erklärung ökonomischer Phänomene und des
ökonomischen Systems als Gleichgewichtskonstellation, und auch nicht um die
quasi-deterministische Entwicklung zwischen zwei Gleichgewichten, sondern um
die dynamische Veränderung in einem wettbewerblichen Umfeld. Was bei Charles
Darwin das ‚Survival of the fittest‘ war, wird bei Schumpeter zur ‚schöpferischen
Zerstörung‘ – wobei weder bei Darwin das ‚fittest‘ noch bei Schumpeter ‚das
Schöperische‘ in irgendeiner Weise die Konnotation eines Optimums trägt (vgl.
Nelson 2020).
    Wenngleich sich evolutorisches Denken in der Ökonomik schon bei den Klas-
sikern finden lässt, gehen die eigentlichen Ursprünge der Evolutionsökonomik
doch auf die Untersuchungen des Verhaltens von Unternehmen in sich ständig wandelnden Umfeldern zurück. Diese Feldbeobachtungen führten zu einigen
weithin geteilten Elementen (vgl. Coriat/Dosi 2002):

• Es gilt der methodische Imperativ: ‚Dynamics first‘
• Die Analyseebene ist mikroökonomisch
• Der Homo Oeconomicus als Analyseschablone wird aufgrund der beschränkten Informationsverarbeitungsfähigkeit des Menschen abgelehnt und durch
  einen nach Routinen handelnden Akteur ersetzt

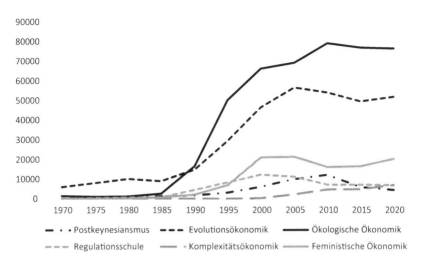

Abb. 4.2 Nennung der verschiedenen heterodoxen Paradigmen in englischsprachigen Büchern von 1970–2020. (Quelle: Google books Ngram viewer)

- Technologischer Fortschritt ist allgegenwärtig und führt zu ständigen Veränderungen und Lernprozessen
- Ökonomische Ergebnisse auf der Makroebene sind emergent
- Die empirische Analyse ist nicht auf seine Testfunktion verkürzt, sondern dient auch in der historischen Rekonstruktion der Gewinnung von Informationen, die die theoretische Reflektion anleitet.

Obwohl die Evolutionsökonomik z. B. das Emergenzmerkmal mit der Mainstream-Variante der Komplexitätsökonomik teilt, folgt hier die Emergenz nicht den ‚komplizierten‘, nicht-linearen Verbindungen zwischen den Systemelementen, sondern der Unvorhersagbarkeit des technologischen Fortschritts und der menschlichen Lernprozesse.

4.4.1 Innovation und technischer Fortschritt

Die Mainstream-Ökonomik ist auf die Beschreibung und Betrachtung von Gleichgewichten fokussiert. Dies geschieht üblicherweise in statischer oder komparativ-statischer Betrachtung, Dynamiken beziehen sich in dieser Vorstellungswelt

zumeist auf konjunkturelle, strukturelle oder akkumulative Veränderungen makroökonomischer Variablen im Zeitablauf. Grundlage für derartige Veränderungen
sind Präferenzänderungen, Akkumulationsprozesse (extensives Wachstum) oder
auch technologische und Produktinnovationen – Entwicklungen, die sich weitgehend außerhalb des Betrachtungsrahmens der Mainstream-Ökonomik abspielen
und deshalb in den ‚Datenkranz‘ der Gleichgewichtsmodelle verband werden. Genau diese Prozesse aber, insbesondere technologische und Produkt-
Entwicklungen (Inventionen), ihre Entstehung, Verbreitung und ihre ökonomische
Anwendung, die sie zu Innovationen machen, interessiert die evolutorische Ökonomik – weshalb Evolutions- und Innovationsökonomik oft auch als synonyme
Bezeichnung verwendet werden.

Es geht der evolutorischen Ökonomik also nicht darum, ein alternatives
Paradigma auf der Grundlage einer konkurrierenden prä-analytischen Vision
zu entwickeln, sondern der Fokus wird von der allokativen auf die forma-
tive Betrachtungsebene verschoben, wobei Neuerungen, Selektion, Adaption als
kreative Schaffens- und Lernprozesse verstanden und untersucht werden. Der
Ursprung dieser Entwicklungsprozesse liegt in den Unternehmen, die gerade nicht
als mechanisch sich mengenmäßig anpassende Entitäten im Gleichgewichtsnir-
wana gesehen werden, sondern als schöpferische Einheiten, die den Extra-Profiten
nachjagen, die von ihnen geschaffene Ungleichgewichtssituationen für sie bereit-
halten. Die dynamisch-evolutorische Betrachtungsweise kann – gleichermaßen
in qualitativ-historischer wie modelltheoretisch-formaler Ausprägung (Witt 2008:
553 ff.) – auch auf die Entwicklung von Organisationen und Institutionen oder
auch Reglungssystemen angewendet werden.

4.4.2 Innovationspolitik als wirtschaftspolitische Orientierung

Die evolutorische Ökonomik, in jedem Fall in ihrer schumpeterianischen Variante, versteht sich als komplementär, nicht alternativ zur Mainstream-Ökonomik:
„(D)ie EÖ stellt eben anders akzentuierte Fragen und versucht, andere Methoden
anzuwenden, und geht in diesem Sinne über die konventionelle Art, Ökonomik
zu betreiben, hinaus, ersetzt sie aber nicht" (Lehmann-Waffenschmidt 2018: 528).
Dieser Umstand macht verständlich, weshalb die Evolutionsökonomik von der
Mainstream-Ökonomik toleriert wird – was sich z. B. an der Möglichkeit zeigt,
mit Forschungsergebnissen auf EÖ-Grundlage in die Publikationsfestungen der
Mainstream-Ökonomik zu gelangen – und erhebliche Bedenken dagegen bestehen, dieses Paradigma (wenn es denn überhaupt ein eigenständiges Paradigma

darstellt) in die Reihe der heterodoxen Ansätze aufzunehmen. Die Kategorisierung als ‚Mainstream-Dissenter' scheint passender, wird aber auch nicht allgemein geteilt (vgl. Hodgson 2019).

Wenn nach einer wirtschaftspolitischen Orientierung der Evolutionsökonomik gefragt wird, bedeutet dies allerdings nicht, dass sie die teleologische Ziel-Mittel-Steuerung des Mainstreams unkritisch teilt, sondern aufgrund der Unsicherheit des Evolutionsprozesses einer Volkswirtschaft und des Fehlens eines klar definierten Soll-Zustandes – das allgemeine Marktgleichgewicht – als Zielgröße eher zu den interventionsskeptischen Ansätzen zählt (vgl. Lehmann-Waffenschmidt/Peneder 2022: 4). Wirtschaftspolitik muss sich perspektivisch nach den Vorstellungen der EÖ daran orientieren, das ökonomische Systeme bzw. deren Akteure in ihren adaptiven Fähigkeiten zu unterstützen, ein normatives Ziel zu erreichen. Außerdem legt es der evolutorische Denkansatz nahe, Wirtschaftspolitik selbst als experimentell in dem Sinne zu verstehen, dass sie sich ständig neuen Erkenntnissen, veränderten Rahmenbedingungen und technologischen und sozialen Veränderungen anpassen muss (Witt 2003).

Wenn Veränderungen, basierend auf Neuerungen und Anpassungen, aber der Wesenskern evolutionärer Systeme sind – ohne dies in irgendeiner Form als gut oder schlecht, sondern ausschließlich als immanent zu bezeichnen -, dann muss sich Wirtschaftspolitik wesentlich als Innovationspolitik verstehen, also als Hilfestellung bei der Hervorbringung von Innovationen durch Schaffung oder Förderung der Potenzialfaktoren, die für Innovationen besondere Bedeutung haben: private und öffentliche Forschung und Entwicklung, Venture Capital, Netzwerkbildung zur Schaffung von Agglomerationsvorteilen, etc. (vgl. Witt 2003).

So, wie sich die Evolutionsökonomik nicht als Alternative, sondern Ergänzung zur Mainstream-Ökonomik versteht, so beinhaltet die besondere Betrachtungsweise der EÖ keine vollständige Zurückweisung der teleologischen Handlungsfähigkeit der Wirtschaftspolitik, sondern vielmehr die Betonung deren Handlungsbeschränkungen – dies teilt sie durchaus mit der postkeynesianischen und komplexitätsökonomischen Sicht auf die Wirtschaftspolitik. Allerdings beziehen sich die beschränkten Handlungsmöglichkeiten der Wirtschaftspolitik nach Auffassung der EÖ im Wesentlichen auf ordnungspolitische, indirekte Eingriffe, während zumindest der Postkeynesianismus auch prozesspolitische, direkte Markteingriffe rechtfertigt.

4.5   Die Ökologische Ökonomik

Die Naturverhältnisse haben in der Ökonomik immer eine zentrale Rolle gespielt, waren doch Grund und Boden lange Zeit die wichtigsten Produktionsfaktoren, denen z. B. von den französischen Physiokraten alleinige Wertschöpfungskraft zugesprochen wurde. Und schon frühzeitig befasste sich die Mainstream-Ökonomik mit dem Problem erschöpfbarer Ressourcen (vgl. Hotelling 1931) und den zunehmenden Umweltbelastungen (Kapp 1950). Wenn dennoch immer mehr an Bedeutung gewinnende Stimmen heterodoxer Kritik an der Mainstream-Ökonomik darauf hinweisen, dass diese nicht allzu viel zu den drängendsten ökologischen Problemen unserer Zeit zu sagen hat, so scheint hier in erster Linie eine gegenstandsbezogene, keine paradigmenorientierte Lücke zu bestehen: Oswald und Stern (2019) verweisen z. B. darauf, dass die bedeutendsten Zeitschriften der Mainstreamökonomik das so eminent wichtige Thema des Klimawandels fast vollständig ignoriert haben (vgl. Tab. 4.1) und halten den Ökonom:innen deshalb vor, die Welt mit einem ihrer schwerwiegendsten Probleme allein zu lassen (‚letting the world down on climate change‘): Von den ca. 77.000 bis 2019 in den führenden ökonomischen Mainstream-Fachzeitschriften insgesamt veröffentlichten Artikeln befassten sich ganze 67 Artikel (=0,09 %) mit dem Klimawandel, während in der prominentesten Zeitschrift der Ökologischen Ökonomik (‚Ecological Economics‘), im Zeitraum von 2007 bis 2011 allein 147 von etwa 1240 Artikeln (=11,8 %) dem Thema ‚Klimawandel‘ gewidmet waren.
    Anmerkungen: * Zeitraum 2007–2011.
    Es scheint also zunächst einmal ein Wahrnehmungs- und Aufmerksamkeits-, kein Analyseproblem zu bestehen. Und Abb. 4.2 zeigte, dass die Ökologische Ökonomik (ÖÖ) unter den als heterodox betrachteten Paradigmen das dynamischste ist – das Wahrnehmungs- und Aufmerksamkeitsproblem liegt also wesentlich bei den Mainstream-Ökonom:innen, die sich dem Untersuchungsgegenstand offenbar nicht hinreichend widmen und die heterodoxen Ansätze in bekannter Weise ignorieren.

4.5.1   Der Steady-state als Nachhaltigkeitsgrenze

Es gilt also zunächst einmal zu konstatieren, dass der Gegenstandsbereich ‚Umwelt‘ das ökonomische Interesse durchaus erreicht hat. Die vom Club of Rome im Jahre 1972 veröffentlichte Studie ‚Grenzen des Wachstums‘ machte einer

Tab. 4.1 Journalartikel zum Thema ‚Klimawandel' (Stand: August 2019; Quelle: Oswald & Stern 2019; Anderson & M'Gonigle 2012; eigene Berechnungen)

Zeitschrift	Anzahl	Gesamtzahl
Mainstream		
Quarterly Journal of Economics	0	–
Economic Journal	9	–
Review of Economic Studies	3	–
Econometrica	2	–
American Economic Review	19	–
Journal of the European Economic Association	8	–
Economica	4	–
Journal of Political Economy	9	–
American Economic Journal – Applied	3	–
Gesamt	**67**	**77.000**
Heterodox		
Ecological Economics*	147	1240

breiten Öffentlichkeit die planetarischen Grenzen bewusst: „Wenn die gegenwärtige Zunahme der Weltbevölkerung, der Industrialisierung, der Umweltverschmutzung, der Nahrungsmittelproduktion und der Ausbeutung von natürlichen Rohstoffen unverändert anhält, werden die absoluten Wachstumsgrenzen auf der Erde im Laufe der nächsten hundert Jahre erreicht" (Meadows et al. 1972: 17). Es entwickelte sich neben der Mainstream-Analyse unter den Denominationen ‚Umwelt- und Ressourcenökonomik' auch eine heterodoxe Betrachtungsweise unter der Begrifflichkeit ‚Ökologische Ökonomik', die sich in besonderer Weise auf den rumänisch-amerikanischen Wissenschaftler Nicholas Georgescu-Roegen stützt. Dessen Schüler und Mitbegründer der ÖÖ, Herman Daly, formuliert die Grundannahmen der ÖÖ folgendermaßen: „Die Ökologische Ökonomie geht von der Annahme aus, dass die Wirtschaft in ihren physischen Dimensionen ein offenes Subsystem eines endlichen, nicht wachsenden und materiell geschlossenen Gesamtsystems ist – des Ökosystems Erde" (Daly 2002: 3). In Anlehnung an die Thermodynamik entnimmt das ökonomische System dem Umweltsystem etwas – Naturkapital -, was es in menschengeschaffenes Kapital verwandelt. Nach dessen Nutzung werden (Schad-)Stoffe in einer Form an das Umweltsystem zurückgegeben, die weder (direkt) als Natur-, noch als menschengeschaffenes

Kapital betrachtet (Verschmutzung) und allenfalls teilweise in das ursprüngliche Naturkapital zurückverwandelt werden können.

In dieser Input-Throughput-Output-Perspektive wird die entscheidende ontologische Differenz zur Mainstream-Ökonomik gesehen (vgl. Daly 2002: 6; Busch-Lüty 2005: 10), die stattdessen auf einer geschlossenen Kreislaufbetrachtung ohne Einbettung in ein umgebendes Ökosystem basiere. Die Endlichkeit des Naturkapitals als Input – die ‚planetarischen Grenzen' – werden dabei als eigentliche Wachstumsgrenzen des ökonomischen Systems beschrieben: Der Verbrauch des Naturkapitals in einem vorgegebenen Zeitraum darf nicht schneller geschehen als es sich in diesem Zeitraum regenerieren oder durch Ersatzstoffe ersetzt werden kann (Nachhaltigkeitskriterium) und die Verschmutzung die Absorptionsfähigkeit des Ökosystems nicht überfordert – dies ist der ‚steady-state' der Ökologischen Ökonomik. Obwohl dieser ‚steady-state' von einer Reihe von Faktoren (Substitutions- und Recycling-Fähigkeit, umwelt- und ressourcensparender technischer Fortschritt, Länge des Regenerationszeitraums) bestimmt wird, die eine gewisse Entkopplung von Wirtschaftswachstum und Ressourcen- und Umweltverbrauch erklären, bleibt doch die ÖÖ überzeugt davon, dass nur eine Begrenzung des Wirtschaftswachstums – Null- oder Postwachstum – die ökologische Nachhaltigkeit sichern kann. Die ÖÖ versteht sich deshalb explizit als normative Wissenschaft mit dem Anspruch, nicht nur ökonomische Phänomene und Entwicklungen erklären zu wollen, sondern auch einer gesellschaftlichen Transformation in Richtung Zukunftsfähigkeit und Nachhaltigkeit die Grundlage liefern zu können.

4.5.2 Wirtschaftspolitik und gesellschaftliche Transformation

Die Ökologische Ökonomik ist daran interessiert, erstens die Bedingungen einer nachhaltigen Wirtschaftsentwicklung zu bestimmen und zweitens danach zu fragen, ob das unter Nachhaltigkeitsverhältnissen tolerierbare Wirtschaftswachstum mit der gegenwärtigen Wirtschaftsordnung – dem Kapitalismus – vereinbar ist.

Daraus lassen sich einerseits wirtschaftspolitische Forderungen nach einer Steuerung des Wirtschaftswachstums und der dieses Wachstum beeinflussenden Faktoren auf Nachhaltigkeitsniveau – also dem ‚steady-state' – ableiten, andererseits Überlegungen zu einer Transformation der ökonomischen Grundinstitutionen des Kapitalismus – der ökologischen Transformation – anstellen.

Die wirtschaftspolitischen Empfehlungen der ÖÖ sind gegenstandsbezogen – sie fallen in den Bereich der Ressourcen- und Umweltpolitik – und

sie sind normativ: Es gilt das faktische Wirtschaftswachstum mit dem ‚steady-
state' zu vereinbaren. Da die Vertreter der ÖÖ den Markt aufgrund fehlender
Informationen, einer Kurzsichtigkeit der handelnden Akteure, bestehender Exter-
nalitäten und Limitationalitäten für zu fehlerhaft einschätzen, plädieren sie für
weitreichende wirtschaftspolitische Maßnahmen für das Erreichen des Zieles
einer steady-state-Wirtschaft: Dazu können fiskal-, steuer-, innovations, aber
auch verteilungspolitische Maßnahmen ergriffen werden, um ressourcen- und
umweltsparende Produktionstechnologien und Konsummuster zu stärken, die
Recycling-Wirtschaft zu fördern und qualitatives vor rein quantitatives Wachstum
zu stellen.

Die ÖÖ ist aber skeptisch darüber, ob damit allein eine hinreichende Entkopplung von Wirtschaftswachstum und Ressourcen- und Umweltverbrauch möglich
ist, um ohne weiterreichende Maßnahmen dem steady state nahezukommen. Oder
anders: Allein allokations- und verteilungspolitische Maßnahmen werden aus
Sicht der ÖÖ nicht ausreichen, es bedarf auch einer Niveausteuerung – anders
als der Postkeynesianismus ist damit aber nicht eine Stabilisierung auf Vollbe-
schäftigungsniveau gemeint, sondern eine Reduktion auf Nachhaltigkeitsniveau,
welches für hochentwickelte Volkswirtschaften Null- oder gar negatives Wachstum impliziert. Eine derartige Reduktion des Aktivitätsniveaus ist aber aus Sicht
der Ökologischen Ökonom:innen nicht mit einem Verlust an Wohlfahrt oder
Lebensqualität (‚well-being') gleichzusetzen, denn die rein materielle Erfassung
des Wohlstandes mittels Indikatoren wie das Bruttoinlandsprodukt (BIP) wird
abgelehnt, wie auch die Orientierung auf Wachstum (growth) durch eine Orientierung auf Entwicklung (development) ersetzt wird (vgl. Femia, Hinterberger &
Luks 2001).

Es bleibt die Frage, ob eine steady-state Wirtschaft mit den Funktionsanfor-
dernissen einer kapitalistischen Wirtschaftsordnung vereinbar ist oder ob es einer
Transformation der gesellschaftlichen Basisinstitutionen bedarf, um nachhaltiges
Wirtschaften zu ermöglichen. Die Antwort darauf hängt davon ab, was man unter
Basisinstitutionen versteht. Wird darunter der Markt mit seiner dezentralen Koor-
dinierungsfunktion verstanden, so hält die ÖÖ zumindest den Glauben an die
letztlich segensreiche Wirkung des Marktes für fatal. Wird darunter die Existenz von Verpflichtungsverhältnissen verstanden, so fällt die Antwort uneindeutig
aus – was letztlich daran liegt, dass die ÖÖ kein eigenständiges ökonomisches
Paradigma darstellt, sondern sich bei der Untersuchung der Frage nach einem
kapitalistischen Wachstumsimperativ auf verschiedene Paradigmen – z. B. postkeynesianische oder marxistische – stützen muss (vgl. Jackson & Victor 2015;
Binswanger 2009).

4.6 Die Feministische Ökonomik

Im Jahr 1992 erhielt Gary S. Becker den Gedenkpreis der Schwedischen Reichsbank – landläufig als Nobel-Preis für Wirtschaftswissenschaften bekannt – dafür, die Domäne der Mikroökonomik auf weitere, insbesondere auch nicht-marktliche Lebensbereiche angewendet zu haben. Dabei ging es u. a. auch darum, die Familie und deren geschlechtsspezifischen, sozialen Interaktionen zum Gegenstand ökonomischer Betrachtungen zu machen und damit dem spezifischen mikroökonomischen Optimierungsverhalten der Mainstream-Ökonomik zu unterwerfen. Was für die Einen Ausdruck des ökonomischen (Methoden-)Imperialismus war, wurde von Anderen längst als überfällig gefordert: die Einbeziehung nicht-marktlicher Interaktionen wie z. B. die Sorge- oder Reproduktionsarbeit innerhalb der Familie in die ökonomische Analyse und deren Zuständigkeitsbereich. Allerdings schieden sich schnell die Geister daran, ob dies eben, wie von Becker vorgeschlagen, mit dem herkömmlichen Theorienvorrat und Methodiken zu geschehen habe, oder ob vielmehr die Methodik und Theoriebildung der Ökonomik sich anderen sozialwissenschaftlichen Disziplinen und jenen ökonomischen Paradigmen öffnen müsse, die wir hier als heterodox kennengelernt haben. Aus letzterem Ansatz entstand die Feministische Ökonomik (FÖ), die von sich selbst nicht als eigenständiges Paradigma spricht, sondern als paradigmenoffenes, gegenstandsbezogenes Forschungsprogramm, welches sich allerdings explizit von der Mainstream-Ökonomik und deren familien- bzw. genderökonomischen Ausprägung abgrenzt (vgl. Yollu-Tok/Rodríguez Garzón 2018).

Die Feministische Ökonomik möchte nicht nur den Fokus auf – aus ihrer Sicht lange vernachlässigte – Gegenstandsbereiche richten, in denen geschlechtsspezifische, soziale Rollen dominieren, sondern dies auf der axiomatischen Grundlage geschlechtsspezifischer Hierarchien, Dominanzverhältnisse und Diskriminierungsstrukturen (vgl. Tab. 4.2). Da dieser Androzentrismus aber als nicht-verhandelbare Zustandsbeschreibung der realen Welt in der FÖ vorausgesetzt wird (vgl. Becchio 2018), besteht also der Kern der Feministischen Ökonomik auch nicht in der positivistischen Analyse der ökonomischen Realität, sondern in der normativen Zielsetzung, die ökonomische Realität ebenso zu verändern wie die ökonomische Wissenschaft: die ökonomische Realität wird also nicht als geschlechtsneutrale Tauschinteraktion, sondern als Ausdruck geschlechtshierarchischer Machtrelationen verstanden und der geschlechtsnegierende, vorgeblich objektive Charakter der Mainstreamökonomik wird als ‚Malestream-Ökonomik' (vgl. Pujol 1992) dekonstruiert, die die Unterdrückung und Diskriminierung der Frauen (und anderer sozialer Gruppen) legitimieren hilft (vgl. Seiz 1995: 111).

Tab. 4.2 Eine erkenntnistheoretische Einordnung der feministischen Ökonomik (Quelle: Yollu-Tok/Rodríguez Garzón 2018)

	Erkenntnistheoretische Positionen		
	Positivismus	(De-) Konstruktivismus	Materialismus
Verständnis von der Kategorie *Geschlecht*	Kategorie ‚Frau' als Faktizität	Kategorie ‚Geschlecht' als soziales Konstrukt	Kategorie ‚Geschlecht' als Strukturkategorie
Unterscheidung im deutschen Sprachraum	feministische Ökonomik *i.w.S*	Feministische Ökonomik *i.e.S*	
Unterscheidung im englischen Sprachraum	Gender Economics	Feminist Economics	
		Heterodoxe Erklärungsansätze	

4.6.1 Grundpositionen und Gemeinsamkeiten Feministischer Ökonomik

Im Gegensatz zu anderen ökonomischen Theorieschulen, die sich mit geschlechtsspezifischen Gegenstandsbereichen der ökonomischen Realität beschäftigen – Gender-, Familien- oder Haushaltsökonomik -, stützt sich die Feministische Ökonomik auf den Feminismus als emanzipatorische Bewegung mit gesellschafts- und geschlechtskritischer Stoßrichtung. Feministische Wissenschaft wird in diesem Sinne als „Wissenschaft aus einer Perspektive von Frauen für Frauen" verstanden und Feministische Ökonomik soll die Grundlage für die wirtschaftliche Emanzipation und Ertüchtigung (‚Empowerment') der Frauen liefern (vgl. Mader/Schultheiss 2011: 407 f.) und Ungleichheiten thematisieren und überwinden helfen.

Obwohl es keine explizite paradigmatische Fixierung der FÖ gibt, identifiziert Marylin Power (2004) fünf allen Theorierichtungen der FÖ gemeinsame Anliegen:

- Bezahlte und unbezahlte Care- und Sorgearbeiten sind eminent wichtige Bereiche von allen Wirtschaftssystemen und müssen immer in die ökonomische Analyse einbezogen werden
- ‚Well-being' ist zentraler Maßstab wirtschaftlichen Erfolges

- Die Strukturen zwischenmenschlicher Beziehungen sind zentral für ökonomische Betrachtungen – deshalb müssen Macht- und Abhängigkeitsverhältnisse thematisiert und analysiert werden
- Ethische Urteile in ökonomischen Analysen sind nicht nur zulässig, sondern wünschenswert
- Das Geschlecht als soziale Kategorie ('Man ist nicht als Frau geboren, man wird es') ist nicht die einzige Differenzierungs- und Diskriminierungsebene, sondern es treten kulturelle und soziale Faktoren hinzu.

Aus diesen Grundpostulaten der Feministischen Ökonomik ergeben sich einerseits Schwerpunkte in den Untersuchungsbereichen der FÖ – insbesondere den Arbeitsmarkt, die Reproduktionsarbeit und die Ungleichheit der Entlohnung und Wertschätzung spezifischer Tätigkeiten und eine grundsätzliche Neudefinition des Begriffs der gesellschaftlichen Arbeit betreffend -, andererseits methodologische Kritikpunkte an der Mainstream-Ökonomik. Selbstverständlich beschränkt sich das Forschungsprogramm der Feministischen Ökonomik aber nicht auf arbeitsbezogene oder methodologische Aspekte, sondern sie lieferte in der jüngeren Vergangenheit zunehmend Beiträge in Themenkomplexen wie 'Gender und internationaler Handel' oder 'Gender und Wachstum', wo die Wechselwirkungen zwischen Handelsvolumen und -strukturen und genderspezifischen Aspekten von Tätigkeiten, Verdienststrukturen oder Armut bzw. die Wechselwirkungen zwischen Wirtschaftswachstum und genderspezifischen Ungleichheiten aufgezeigt wurden (vgl. van Staveren 2010).

4.6.2 Methodologische Kritik und zentrale Untersuchungsbereiche

Die Feministische Ökonomik missbilligt die Methodologie der Mainstream-Ökonomik, die die dominante männliche Herangehensweise widerspiegele: Über die weit verbreitete Kritik am Konzept des 'Homo Oeconomicus' – z. B. sozial ungebundene Individuen, stabile und exogen gegebene Präferenzen, vollständige Informationen – wird zusätzlich dessen 'männliche' Rationalitätsannahme (intertemporale Nutzenmaximierung) zurückgewiesen und für einen 'Femina Oeconomica' geworben, deren Zielsetzung nicht nur ein breiteres und weniger selbstbezogenes Verständnis von Wohlergehen, sondern auch eine emotionale Affekte einbeziehendes Entscheidungskalkül sein müsse (Nelson 1995), welches schließlich stärker in (immer noch) männlich geprägte institutionelle Strukturen eingebunden werden müsse (vgl. Yollu-Tok/Rodríguez Garzón 2018).

Auch die methodische Konzentration auf formale Modellbildung und fast ausschließlich quantitative Analyse der Mainstream-Ökonomie wird abgelehnt – hierin zeigt sich einerseits die besondere Bedeutung, die nicht-marklichen Sozialbeziehungen zugemessen wird, die entweder quantitativ nicht erfassbar oder aber, insbesondere in ihrer geschlechterspezifischen Ausprägung, zumindest noch nicht hinreichend erfasst sind. Andererseits drückt sich hierin auch die Ablehnung eines rein positivistischen zugunsten eines normativen, ethisch aufgeladenen Wissenschaftsverständnisses aus. Julie Nelson (1992) beschreibt einen Gender-Value-Kompass (vgl. Abb. 4.3), der einerseits die gängige, männlich dominierte Auffassung einfängt, wonach ,harte' quantitativ-formale Analyseformen positiv konnotiert sind, während ,weiche' qualitativ-narrative Analyseformen eher negativ konnotiert sind. Diese herkömmliche Betrachtungsweise wird nicht explizit zurückgewiesen, sondern um Aspekte erweitert, die den weichen Methoden mit größerer Flexibilität auch positive Zuschreibungen verschaffen können, wie die harten Methoden aufgrund der innewohnenden Rigiditäten auch negative Merkmale aufweisen können. Nach Nelson gilt es, beide Dimensionen miteinander zu verbinden (Nelson 1995). Die darin enthaltene Offenheit zu anderen sozialwissenschaftlichen Disziplinen teilt die FÖ z. B. mit der Ökologischen Ökonomik, trennt sie aber gleichzeitig von stärker disziplinär orientierten heterodoxen Ansätzen wie dem Postkeynesianismus.

Wenngleich sich der Untersuchungsbereich der Feministischen Ökonomik bereits erheblich erweitert hat und keinen Aspekt marktlich und nicht-marktlich

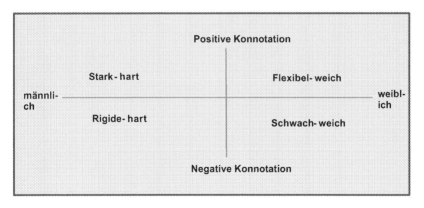

Abb. 4.3 Gender-Value-Kompass nach Julie Nelson. (Quelle: Nelson 1992)

vermittelter Sozialbeziehungen ausgrenzt, bleibt doch der Blick auf gender-spezifische Ungleichheiten, Diskriminierungen und Abhängigkeiten bestehender ökonomischer und gesellschaftlicher Strukturen, Institutionen und Politiken zentral. Dabei geht es nicht bloß um Erklärungen, sondern auch um die Fundierung politischer Eingriffe und gesellschaftlicher Transformation, die Hierarchien über-winden, Inklusion ermöglichen, strukturelle Benachteiligungen abbauen und so die lebensweltliche Realität gerechter machen sollen.

Heterodoxie als vereintes plurales Paradigma und ihre Zukunft – eine Schlussbetrachtung

5

Die heterodoxe Ökonomik umfasst eine Vielzahl von Ansätzen, die auf unterschiedlichen Paradigmen basieren und auch recht unterschiedlichen Wissenschaftsverständnissen folgen. Die gemeinsame Ablehnung des neoklassischen Mainstreams mündet also keineswegs in einer gemeinsamen Plattform, auf der eine kohärente Alternative erkennbar wäre – im Gegenteil: Es dürfte kaum zu bestreiten sein, dass nicht nur verschiedene Ansätze aufgrund der unterschiedlichen paradigmatischen Basis inkommensurabel und inkompatibel sind, sie beziehen ihre methodologische Kritik in manchen Fällen auch nicht nur auf den Mainstream, sondern gleichermaßen auf jene heterodoxe Ansätze, die nicht geneigt sind, den Boden des fallibilistischen Positivismus als ‚Qualitätssicherungsinstrument' zu verlassen.

Gemeinsam ist allen heterodoxen ökonomischen Schulen aber auch der Einsatz für eine Pluralisierung der eigenen Disziplin, da alle gleichermaßen von der Marginalisierung einer monistisch ausgerichteten Ökonomik betroffen sind. Das Bestreben nach einer Transformation der Wirtschaftswissenschaft mündet aber aufgrund der unterschiedlichen methodologischen Vorstellungen nicht notwendigerweise in einer gemeinsamen Transformationsstrategie: Während die Einen für eine ontologische Offenheit bei Beibehaltung des Positivismus als methodologische Basis plädieren, halten Andere nur eine radikale methodologische Öffnung für ausreichend und plädieren für eine Rückkehr zu stärker normativer Analyse (vgl. Heise 2018).

Wenn also nicht erwartet werden kann, dass sich eine kohärente heterodoxe Alternative zum neoklassischen Mainstream entwickeln wird, so bedeutet dies gleichwohl keineswegs, dass es nicht durchaus gegenseitige Befruchtungen zwischen den verschiedenen Ansätzen geben kann und sollte.

Schließlich sollte es für eine Wissenschaft, die in pluraler Form selbstverständlich mehrere orthodoxe und heterodoxe Paradigmen nebeneinander als

© Der/die Autor(en), exklusiv lizenziert an Springer Fachmedien Wiesbaden GmbH, ein Teil von Springer Nature 2023
A. Heise, *Heterodoxe Ökonomik*, essentials, https://doi.org/10.1007/978-3-658-41259-3_5

Ausdruck von Wissenschaftsfreiheit akzeptiert, zum Standard werden, dass diese Paradigmen hinsichtlich ihrer Annahmen, der Plausibilität und empirischen Passgenauigkeit (‚Verisimilitude') miteinander verglichen werden und somit Wissenschaftlern eine informationsgestützte Auswahl der Paradigmen jenseits von Karriereüberlegungen und Denkstilzwängen ermöglicht wird (vgl. Heise 2020).

Letztlich wird die Zukunft heterodoxe Ökonomik aber davon abhängen, weiterhin fähige Wissenschaftler:innen ausbilden und für die heterodoxen Betrachtungsweisen empfänglich machen zu können – dazu wird es notwendig sein, die Veröffentlichungskartelle der wichtigen wirtschaftswissenschaftlichen Zeitschriften ebenso zu brechen, wie die vom Mainstream definierten Anreizsysteme zu überwinden, um dauerhafte, nicht lediglich zufällige Präsenz heterodoxer Ökonom:innen in professoraler Stellung an wirtschaftswissenschaftlichen Fachbereichen und Fakultäten deutscher Hochschulen selbstverständlich zu machen.

Was Sie aus diesem *essential* mitnehmen können:

- Die methodologischen Beschränkungen der Sozialwissenschaften machen eine paradigmatische Pluralität der Ökonomik erforderlich.
- Die Wirtschaftswissenschaft (nicht nur) in Deutschland hatsich – nach einer kurzen historischen Phase der Pluralisierung in den 1960er und 1970er Jahren – auf ein einziges Mainstream-Paradigma – das Dynamisch-Stochastische Allgemeine Gleichgewichtsmodell – verengt und andere Paradigmen marginalisiert.
- Die zunehmende Anzahl an Variationen innerhalb des dominanten Mainstreams ist kein Ersatz für eine tatsächliche Paradigmenpluralität.
- Es existieren zahlreiche Alternativen zum Mainstream-Paradigma, die sich teilweise ergänzen, teilweise aber auch in Konkurrenz zueinanderstehen.
- Es ist nicht zu erwarten, dass sich die verschiedenen heterodoxen Ansätze zu einem homogenen Alternativ-Paradigma zusammenfügen werden.

© Der/die Herausgeber bzw. der/die Autor(en), exklusiv lizenziert an Springer Fachmedien Wiesbaden GmbH, ein Teil von Springer Nature 2023
A. Heise, *Heterodoxe Ökonomik*, essentials,
https://doi.org/10.1007/978-3-658-41259-3

Literatur

Anderson, B. & M'Gonigle, M. (2012); Does ecological economics have a future? Contradiction and reinvention in the age of climate change. In Ecological Economics, (37–48), 84

Arthur, W.B. (2013). Complexity Economics: A Different Framework for Economic Thought. Santa Fe Institute Working Paper No. 2013-04-012

Aspers, P. (205). Märkte. Springer VS Wiesbaden

Axtell, R. (2005). The Complexity of Exchange. In The Economic Journal (193–210), 115 (2)

Bachmann, R. (2016). Brauchen wir einen Pluralismus-Kodex? Contra. In Forschung & Lehre, (597–598), 7

Becchio, G. (2018). Gender, Feminist and Heterodox Economics: Interconnections and Differences in a Historical Perspective. In Economic Alternatives, (5–24), 1

Binswanger, M. (2009). Is there a growth imperative in capitalist economies? A Circular flow perspective. In Journal of Post Keynesian Economics, (707–727), 31(4)

Bronk, R. (2011). Epistemological Difficulties with Neoclassical Economics. Paper presented at the Southern Economic Conference, November 20, 2011, Washington D.C.. Available at http://eprints.lse.ac.uk/39423/. Accessed: August 18, 2016.

Busch-Lüty, Chr. (2005). Herausforderungen einer Ökologischen Ökonomie an die Wissenschaft. In Plöger, P. & Lang, E. (Hrsg.), Ökologische Ökonomie: Eine neue Wissenschaft? Vereinigung für Ökologische Ökonomie (VÖÖ), Beiträge und Berichte 5, 7–19

Christen, M. & Franklin, L.R. (2002). The Concept of Emergence in Complexity Science: Finding Coherence between Theory and Practice. Proceedings of the Complex Systems Summer School, SFI, Santa Fe

Colander, D., Holt, R. P. F. & Rosser, J. B. (2004). The changing face of mainstream economics. In Review of Political Economy, (485–499), 16

Colander, D & Kupers, R. (2014). Complexity and the Art of Public Policy: Solving Society's Problems from the Bottom Up. University Press Princeton

Daly, H. E. (2002): Ökologische Ökonomie: Konzepte, Analysen, Politik, WZB Discussion Paper, No. FS II 02-410, Wissenschaftszentrum Berlin für Sozialforschung (WZB), Berlin

Davidson, P. (1993). The Elephant and the Butterfly: Or Hysterisis and Post Keynesian Economics. In Journal of Post Keynesian Economics (309–322), 15 (3)

© Der/die Herausgeber bzw. der/die Autor(en), exklusiv lizenziert an Springer   49
Fachmedien Wiesbaden GmbH, ein Teil von Springer Nature 2023
A. Heise, *Heterodoxe Ökonomik*, essentials,
https://doi.org/10.1007/978-3-658-41259-3

Davidson, P. (1996). Reality and Economic Theory. In Journal of Post Keynesian Economics (479–508), 18 (4)

Davidson, P. (2009). John Maynard Keynes. Palgrave MacMillan London

Dawid, H. (2018). Potential, Erfolge und Herausforderungen der Agenten-basierten Modellierung in den Wirtschaftswissenschaften. In List Forum für Wirtschafts- und Finanzpolitik (767–782), 44 (4).

Dobusch, L. & Kapeller, J. (2012). Heterodox United vs. Mainstream City? Sketching a Framework for Interested Pluralism in Economics. In Journal of Economic Issues, (1035–1058), 46 (4)

Dow, S.C. (1990). Post-Keynesianism as political economy: a methodological discussion. In Review of Political Economy, (345–359), 2(3)

Dunn, S.P. (2000). Whither Post Keynesianism. In Journal of Post Keynesian Economics, (343–364), 22(3)

Engels, F. (1877). Anti-Dühring, In Marx-Engels-Werke (MEW) Bd. 20, Dietz-Verlag Berlin (Ost), 1962

Femia, A., Hinterberger, F. & Luks, F. (2001). Ecological Economic Policy for Sustainable Development: Potentials and Domains of Intervention for Delinking Approaches. In Population and Environment, (157–174), 23

Fleck, L. (1980); Entstehung und Entwicklung einer wissenschaftlichen Tatsache. Einführung in die Lehre vom Denkstil und Denkkollektiv. Suhrkamp Frankfurt

Fischer, K. (2018). Heterodoxien und Dissidenz in der Geschichte der Wissenschaften. In M. Schetsche & I. Schmied-Knittel (Hg.), Heterodoxie. Konzepte, Traditionen, Figuren der Abweichung (76–98), Herbert von Halem Verlag Köln

Fontana, G. & Gerrard, B. (2006). The future of Post Keynesian economics. In BNL Quarterly Review, (49–80), 59(236)

Foster, J. (2005). From simplistic to complex systems in economics. In Cambridge Journal of Economics (873–892), 29 (4)

Fromm, J. (2004). The Emergence of Complexity, University Press Kassel.

Heise, A. (2001). New Politics. Integrative Wirtschaftspolitik für das 21. Jahrhundert, Westfälisches Dampfboot Münster

Heise, A. (2009). A Post Keynesian theory of economic policy – filling a void. In Journal of Post Keynesian Economics, (383–402), 31(3)

Heise, A. (2016). Why has economics turned out this way? A socio-economic note on the explanation of monism in economics. In The Journal of Philosophical Economics, (81–101), 10(1)

Heise, A. (2018). Re-Claiming the University: transforming economics as a discipline. In Journal of Philosophical Economics, (37–66), 11(2)

Heise, A. (2020). Comparing economic theories or: pluralism in economics and the need for a comparative approach to scientific research programmes. In Journal of Philosophical Economics, (162–184), 13(2)

Heise, A., Sander, H. & Thieme, S. (2017). Das Ende der Heterodoxie? Die Entwicklung der Wirtschaftswissenschaften in Deutschland, Springer VS Wiesbaden

Hesse, J.-O. (2010); Wirtschaft als Wissenschaft. Die Volkswirtschaftslehre in der frühen Bundesrepublik, Campus Frankfurt/New York

Hirte, K. & Thieme, S. (2018). Heterodoxie in der Ökonomik: Aktuelle Situation und erkenntnistheoretische Probleme. In M. Schetsche & I. Schmied-Knittel (Hg.), Heterodoxie. Konzepte, Traditionen, Figuren der Abweichung (117–139), Herbert von Halem Verlag Köln

Hodgson, G. M. (1999). Evolution and Institutions. Edward Elgar Cheltenham

Hodgson, G. M. (2019). Is there a Future for Heterodox Economics? Institutions, Ideology and a Scientific Community. Edward Elgar Cheltenham

Holt, R.P.F., Rosser Jr, J.B. & Colander, D. (2011). The Complexity Era in Economics. In Review of Political Economy (357–369), 23 (3)

Hotelling, H. (1931). The Economics of Exhaustible Resources. In Journal of Political Economy, (137–175), 39(2)

Minsky, H. P. (1982). Can it happen again? M.E. Sharpe New York

Jackson, W. A. (2018): Strategic pluralism and monism in heterodox economics. In Review of Radical Political Economics, (237–252), 50(2)

Jessop, B. (2007). Kapitalismus, Regulation, Staat. Ausgewählte Schriften. Argument Verlag Berlin

Keynes, J.M. (1933). The Distinction Between A Cooperative Economy and An Entrepreneur Economy. In Moggride, D. (Hg.), The Collected Writings of John Maynard Keynes, Vol. XXIX: The General Theory and After – A Supplement (76–87), MacMillan London

Kapp, K.W. (1950). The Social Costs of Private Enterprise. Harvard University. Press, Cambridge/Massachusetts

Kotz, D. M. (1990). A Comparative Analysis of the Theory of Regulation and the Social Structure of Accumulation Theory. In Science & Society, (5–28), 54(1)

Kuhn, T. S. (1962). The Structure of Scientific Revolutions. University Press, Chicago

Kuhn, T. S. (1976). Die Struktur wissenschaftlicher Revolutionen, Suhrkamp Frankfurt/Main

Lakatos, I. (1974). Falsifikation und die Methodologie wissenschaftlicher Forschungsprogramme. In Lakatos, I & Musgrave, A. (Hg.), Kritik und Erkenntnisfortschritt (89–190), Vieweg Braunschweig.

Lavoie, M. (2011). Should Sraffian Economics be Dropped Out of the Post Keynesian School?. In Economies et Société, (1027–1059), 44(7)

Lawson, T. (2013). What is this ,school' called neoclassical economics? In Cambridge Journal of Economics, (947–983), 37(5)

Lee, F. S. (2012). Heterodox Economics and Its Critics. In F.S. Lee & M. Lavoie (Hg.), In Defense of Post-Keynesian and Heterodox Economics: Response to Their Critics (104–132), Routledge London

Lehmann-Waffenschmidt, M. (2018). Evolutorische Ökonomik und Mainstream-Ökonomik – komplementär oder konfrontativ? Ein Gespräch zwischen Marco Lehmann-Waffenschmidt und Ulrich Schwalbe. In List Forum für Wirtschafts- und Finanzpolitik, (507–534), 44(4)

Lehmann-Waffenschmidt, M. & Peneder, M. (2022); Evolutionary perspectives on economic policy. In Journal of Evolutionary Economics, (3–7), 32

Mader, K. & Schultheiss, J. (2011). Feministische Ökonomie – Antworten auf die herrschenden Wirtschaftswissenschaften? In Prokla, (405–421), 41(3)

Marglin, S. & Schor, J (eds) (1990). The Golden Age of Capitalism. University Press Oxford

Marx, K. (1859). Zur Kritik der Politischen Ökonomie. In Marx-Engels-Werke, Bd. 13, Dietz Verlag Berlin (Ost) (1961)

Meadows, D. u. a. (1972). Die Grenzen des Wachstums 1972, Deutsche Verlags-Anstalt Stuttgart

Mearman, A., Berger, S. & Guizzo, D. (2019). What is Heterodox Economics. Conversations with Leading Economists. Routledge Cheltenham

Mirowski, P. (1989). More Heat than Light: Economics as Social Physics, Physics as Nature's Economics, University Press Cambridge

Nelson, J.A. (1992). Gender, metaphor, and the definition of economics. In Economics and Philosophy, (103–125), 8(1)

Nelson, J. A. (1995). Feminism and Economics. In Journal of Economic Perspectives, (131–148), 9(2)

Oswald, A & Stern, N. (2019). Why are economists letting down the world on climate change? In VoxEU.org, 17 September

Palley, T. (1996). Post Keynesian Economics. Debt, Distribution and the Macroeconomy, Edward Elgar Houndsmill

Perona, E. (2007). The Confused State of Complexity Economcs: An Ontological Explanation. In Salzano, M., & Colander, D. (Hgs.); Complexity Hints for Economic Policy (33–53), Springer Milano

Peter, L. (2014). Marx an die Uni. Die ‚Marburger Schule' – Geschichte, Probleme, Akteure, PapyRossa Verlag Köln

Pineault, E. (2021). The ghosts of progress: Contradictory materialities of the capitalist Golden Age. In Anthropological Theory, (260–286), 21(3)

Power, M. (2004): Social Provisioning as a Starting Point for Feminist Economics. In Feminist Economics, (3–19), 10(3)

Pujol, M. (1992). Feminism and Anti-Feminism in Early Economic Thought, Edward Elgar Aldershot

Riese, H. (1998). Zur Reformulierung der Theorie der Makropolitik. In Heise, A. (Hg.), Renaissance der Makroökonomik (25–40), Metropolis Verlag Marburg

Roos, M. W. M. (2015a). The macroeconomics of radical uncertainty. Ruhr Economic Papers, No. 592

Roos, M. W. M. (2015b); Die Komplexitätsökonomik und ihre Implikationen für die Wirtschaftspolitik. In Perspektiven der Wirtschaftspolitik, (379–392), 16(4)

Rosser, J.B. Jr. (2006). Complex dynamics and Post Keynesian economics. In Setterfield, M. (Hg.); Complexity, Endogenous Money and Macroeconomic Theory: Essays in Honour of Basil J. Moore (74–98), Edward Elgar Cheltenham

Schefold, B. (1976); Nachworte, in: Sraffa, P., Warenproduktion mittels Waren. Einleitung zu einer Kritik der ökonomischen Theorie (130–226), Suhrkamp Frankfurt/Main

Schetsche, M. & Schmied-Knittel, I. (2018). Zur Einleitung: Heterodoxien in der Moderne. In M. Schetsche & I. Schmied-Knittel (Hg.), Heterodoxie. Konzepte, Traditionen, Figuren der Abweichung (9–33), Herbert von Halem Verlag Köln

Seiz, J. (1995). Epistemology and the tasks of feminist economics. In Feminist Economics, (110–118), 1(3)

Simon, H.A. (1956). Rational Choice and the Structure of the Environment. In Psychological Review, (129–138), 63(2)

van Staveren, I. (2010). Feminist Economics, Setting out the Parameters. In Bauhardt, C & Caglar, G.; Feministische Kritik der politischen Ökonomie. (18–48), VS Verlag für Sozialwissenschaften Wiesbaden

Witt, U. (2003). Economic policy making in evolutionary perspective. In Journal of Evolutionary Economics, (77–94), 13(1)

Witt, U. (2008). What is specific about evolutionary economics. In Journal of Evolutionary Economics, (547–575), 18(4)

Yollu-Tok, A. & Rodríguez-Garcón, F. (2018). Feministische Ökonomik als Gegenprogramm zur Standardökonomik. In List Forum für Wirtschafts- und Finanzpolitik, (725–762), 44(4)

Printed in the United States
by Baker & Taylor Publisher Services